西南政法大学知识产权法博士文库

ZHUANLIFA SHANG DE
JUANXIAN YUANZE YANJIU

# 专利法上的
# 捐献原则研究

陈聪　著

法律出版社 LAW PRESS · CHINA | 北京

图书在版编目(CIP)数据

专利法上的捐献原则研究 / 陈聪著. -- 北京 : 法律出版社, 2022
(西南政法大学知识产权法博士文库)
ISBN 978-7-5197-7214-7

Ⅰ. ①专… Ⅱ. ①陈… Ⅲ. ①专利权法-研究-中国
Ⅳ. ①D923.424

中国版本图书馆 CIP 数据核字(2022)第 193698 号

专利法上的捐献原则研究
ZHUANLIFA SHANG DE JUANXIAN YUANZE YANJIU

陈 聪 著

责任编辑 王 珊 许莹洁
装帧设计 汪奇峰

出版发行 法律出版社
编辑统筹 学术·对外出版分社
责任校对 王晓萍
责任印制 陶 松
经 销 新华书店

开本 A5
印张 6.625 字数 163 千
版本 2022 年 12 月第 1 版
印次 2022 年 12 月第 1 次印刷
印刷 唐山玺诚印务有限公司

地址:北京市丰台区莲花池西里 7 号(100073)
网址:www.lawpress.com.cn
投稿邮箱:info@lawpress.com.cn
举报盗版邮箱:jbwq@lawpress.com.cn

销售电话:010-83938349
客服电话:010-83938350
咨询电话:010-63939796

书号:ISBN 978-7-5197-7214-7
定价:49.00 元
凡购买本社图书,如有印装错误,我社负责退换。电话:010-83938349

# 总　序

当今世界，主要的经济体正迈向现代化经济体系，由依赖要素、投资驱动转向依赖创新驱动。特别是进入互联网时代以来，人们的生活样态、思维方式均发生了翻天覆地的变化。三十年前，人类设想的足不出户就完成商务、政务的愿景逐渐成真。依赖于客户端，特别是移动客户端，人类的工作、阅读、生活、学习都与之前发生断裂。也正因如此，人们被互联网切割了，每个人都成了互联网的碎片，再也不能像之前那样，拥有大量集中的时间去阅读、去娱乐，工作、生活的时间纠缠在了一起。现代性的一切正变得碎片化，“一切坚固的东西都烟消云散了”。

在人类的发展过程中，模仿与创新是两种最基本的推动力量。经由模仿，我们可以达致他人的水平；通过创新，我们可以超越他人的成就。人类世界就是在这种模仿与创新的交替中实现了进步。尽管亚当·斯密曾指出创新是人类的天性，但那种判断毕竟是个案。促进社会形成创新文化、创新话语的，是知识产权制度。知识产权制度赋予创新者以产权，经由向他人收费的市场手段让创新者获得了回报;但知识产权制度又在边际上限制创新者的权益,经由传播者让社会大众获得了创新的“恩惠”。如此,知识产权制度就在鼓励创新和维护公益之间达成了精妙的动态平衡。

有学者曾将现代知识产权制度的起源归结为十七八世纪的欧洲产生了人类智力成果应受保护并获独立的私有观念,社会也会因鼓励这种人类智力活动获得益处。依赖这种占有性个人主义的观念,知识产权制度的思想开始在全球蔓延。当然,这并不否认在此之前,无论是原始社会还是现代文明均发生过对某些智力成果保护的个案。1840 年之后,随着中外贸易的发展,人们逐渐意识到知识产权的潜在价值。1949 年之后,我国即着手现代知识产权制度的构建。改革开放之后,我国的知识产权制度逐渐走上现代化的道路。党的十八大以来,我国的知识产权制度呈现主动性的面向,更加注重将知识产权与营商环境、创新文化联系起来,更加注重加大知识产权保护力度,更加注重国内知识产权法治以及知识产权的全球治理,形成了知识产权法治道路。

知识产权作为现代财产权重要形式的观念已变得日益深入,这从维权和侵权的维度均可窥见。随着知识产权话语的加强,政府部门、学术团体、社会力量也在逐渐发展知识产权,之前人们关注的更多是知识产权的保护和转化,现在将视野扩大到知识产权的安全与治理。一方面,在学科建设上,出现了将知识产权提升为一级学科建设的声音,并有高校开始进行尝试;另一方面,有关知识产权是典型民事权利还是工具的立场仍在讨论中。可以这么认为,知识产权的表达与实践存在一定的断裂。在这个意义上,集中一批有创造力的学术力量,对知识产权问题进行细致深入的研究仍是新时代的课题。西南政法大学拥有厚重的法学学术传统,作为法学分支的知识产权法学一直受惠其间。自 2005 年始,西政开始招收知识产权法学专业博士,并逐渐形成自己的传统。就研究方向和方法而言,我们兼顾了基础研究与前沿展望、学理分析与实证调研、理性探讨与实务建模等方面。多年来,我们培养了一批批优秀的知识产权法学专业博士,他们在各自的岗位上贡献了自己的青春。尽管因为各种原因,可能有人离开了知识产权领域,但并不意味着他们知识产权经历的终结。用他们的话说,“爱知产依然,一如曾经的绽放”。值得一提的是,现在的博士生日渐低龄化,“90后”逐渐成为中流砥柱。他们的选题往往可以从最前沿的问题延至背后的法理,体现了互联网时代的学术创新能力。博士生最具创造力,尽管可能有阅读碎片化的不足,但不受已有框架限制的特质注定他们的研究带有创新性。在这个意义上,年轻博士生对知识产权的研究与知识产权本身的特点更为贴合。知识的获得是个试错的过程,无论他们提出的理论观点能否被证伪,但知识增量本身就证明对知识产权的研究具有实践的价值。科斯曾经指出,思想的宝库也是市场,经由竞争,那些最有意义的认识终究会被读者所接受。为此,我们觉得有必要将部分同意出版的博士论文付梓印刷,供同行了解指正甚至批评。或许,这些出版物并无特定的理论定向。但每位作者都包含着一种冲突的潜在动机,用黑格尔式的表述是,主体之间为相互承认而进行的斗争产生了一种包括学术在内的社会内在压力,这有助于建立一种保障学术自由的实践制度。在此意义上,德国当代社会理论家霍耐特指出,这种获得承认的道德紧张关系扎根于社会生活之中,经由不断冲突和否定,最终,个体渐渐通往一种自由交往的境界。

李雨峰

2022年10月

# 目　录


**引　言**　001

**第一章　专利权利保护范围的确定**　011

一、专利权利保护范围确定的历史演进　012

(一)说明书推定专利权利保护范围　012

(二)权利要求书与书面描述(说明书)的分离　014

(三)权利要求书与说明书的功能划分　016

二、专利权利保护范围确定的不同路径　019

(一)权利要求的解释原则　020

(二)折中主义原则下权利要求解释的具体规则　024

三、等同原则对专利权利保护范围的影响　035

(一)等同原则确保专利保护范围的妥当性　036

(二)捐献原则的兴起:限制等同原则的必要性　039

小　结　039

**第二章　捐献原则的历史演进**　041

一、再颁专利制度下捐献原则的兴起　041

(一)捐献原则对再颁专利的最初限制:米勒案　041

(二)捐献原则对再颁专利限制的发展:马恩案 043
二、等同原则语境下捐献原则适用的演进 044
(一)美国联邦最高法院司法实践 045
(二)美国联邦巡回上诉法院司法实践 048
三、捐献原则在我国的发展 060
小 结 063

**第三章 捐献原则的价值与功能** 064
一、捐献原则的理性基础 064
(一)创新、专利与分配正义 064
(二)捐献原则与矫正正义 068
二、捐献原则的功能 072
(一)保护第三人的信赖利益 072
(二)确保专利的公开功能 075
三、捐献原则与公有领域理论 079
(一)专利法上的公有领域 079
(二)专利法上公有领域的功能 081
小 结 083

**第四章 捐献原则的法律构造** 084
一、捐献原则的适用范围 084
(一)捐献原则适用的程序范围 084
(二)捐献原则适用的专利类型范围 094
(三)捐献原则适用的主动性 095
二、捐献原则的法律构成和法律效果 097
(一)捐献原则的主观要件 098

(二)捐献原则的客观要件 102
(三)捐献的范围 107
(四)捐献原则适用的法律效果 110
三、捐献原则的外部约束 115
(一)捐献原则与禁止反悔原则 115
(二)捐献原则与专利质量控制 118
小 结 120

**第五章 捐献原则局限性的克服:扩大型再颁专利** 121
一、美国扩大型再颁专利的演进 122
二、扩大型再颁专利的法律构造 129
(一)扩大型再颁专利的法律构成 129
(二)扩大型再颁专利的法律效果 133
三、扩大型再颁专利制度的功能 134
(一)克服捐献原则之局限性 134
(二)纠正原初专利中的瑕疵 136
小 结 138

**第六章 我国专利法上捐献原则的适用与完善** 142
一、捐献原则适用的中国实证分析 142
(一)研究样本的来源和提取 142
(二)捐献原则案件的统计情况 143
(三)我国适用捐献原则典型案例分析 146
二、捐献原则适用中的问题 156
(一)捐献原则适用必要性的质疑 156
(二)捐献原则适用条件的误读 156

(三)捐献原则制度功能的忽视　157
三、捐献原则的反思　158
(一)位阶较低,仅适用于侵权判定阶段　158
(二)捐献制度较为僵硬　163
四、我国专利法上捐献原则的完善　165
(一)体系性解读和适用捐献原则　165
(二)当然捐献原则的改造　174
(三)专利确权中行政部门和法院的职责分工　187
(四)增加授权后的更正程序　188
小　结　189

**结　语**　190

**参考文献**　192

**致　谢**　200

# 引 言

技术创新是人类社会不竭的动力，正是经由创新，人类社会才实现了一次次的大飞跃。亚里士多德从人是社会性的动物这一观点出发，曾把创新的原因归结为人类的想象力；亚当·斯密曾论证说，创新是人性的本能。从历史的视角来看，无论是远古还是当今，人类社会都出现了大量创新的实例。但是创新成果爆炸性地增长，却是在十七、十八世纪，那时人们逐渐形成了对创新性成果给予法律保护的观念。[1] 当时，个人主义观念兴起，国家对创新性成果给予规范性的保护。创新性成果获得国家法律的保护，是因为这些成果与之前的成果相比，具有了新颖性和创造性，而不是基于国家和某些创新成果所有人的私人关系，后者的情况在中西方都曾经出现过。[2]

专利是鼓励创新的最重要的制度保障。这一制度的本质特征之一是垄断，在中西方国家，这一制度

---

〔1〕［美］安守廉：《知识产权还是思想控制：对中国古代法的文化透视》，载梁治平编：《法律的文化解释》，生活·读书·新知三联书店1994年版，第126页。

〔2〕李雨峰：《枪口下的法律：中国版权史研究》，知识产权出版社2006年版，第19页。

均源于国家对某些人授予的对诸如某些管制物品如盐、铁等基础物资的专卖权。从17世纪开始，英国这一制度发生了变化，专利只授予那些具有新颖性的发明，专利的范围与发明的大小成比例。[1] 由此，现代专利制度逐渐形成。专利最大的特点之一是排他性，一项发明创造一旦获得了专利权，其持有人便获得了一种"消极权利"，[2]除非具有法定的事由，他可以防止其他任何人未经许可对该项发明创造进行生产与使用。对于第三人而言，这一制度具有很大的不确定性。首先，第三人特别是竞争对手可能也在进行相同或类似的技术研发，假设恰巧第三方独立自主研发的成果与某一获得专利的发明创造相同，除非符合专利制度的先用权的条件，该第三人既不能获得相同的专利权，也不能对自己研发的技术方案进行生产制造，其投入的成本无法收回，这对该第三人是不公平的。其次，如果第三人不知道专利权的范围和边界，就有可能让该第三人处于动辄侵权的境地，毕竟专利权是控制他人行为的制度。[3] 这明显地影响了第三人的行为预期。最后，现代专利法体系明确指出，专利权是一种民事权利。《与贸易有关的知识产权协议》(TRIPs)在"序言"中要求，所有的成员都要承认知识产权是私权。从权利性质上来看，专利权是一种绝对权，其义务人是不特定的多数人，专利权的实现并不要求第三人的积极作为，它只要求任何第三人不进入其范围即可。因此，让第三人知悉专利权的边界就具有非常重要的意义。按此，公开就构成了专利的第二个本质特征。专利对应的英文"patent"既具有垄断的意思，又具有公开的意思，不能不说这在专利法历史上是非常值得玩味的事情。正如有的学者所指出的，"公开与排他

〔1〕［美］亚当·杰夫、乔希·勒纳：《创新及其不满：专利体系对创新与进步的危害及对策》，罗建平、兰花译，中国人民大学出版社2007年版，第7页。

〔2〕同上。

〔3〕［日］田村善之：《日本知识产权法》(第4版)，周超、李雨峰、李希同译，知识产权出版社2011年版，第23页。

利益，是专利两个维度，二者的互动形成了专利制度的诸多影像”。[1]专利的公开维度，确保了专利权的公示功能，划定了第三人的行为空间，它告知第三人必须在权利边界的外围行动，从而进一步确保了专利排他利益的实现。在专利法的体系结构中，专利申请文件的撰写、专利保护期的确定、捐献原则等都是实现专利公开维度的制度设计。

专利权的边界划定与侵害专利权的判定密切相关。在划定专利权的边界时，以权利要求的内容为准，说明书及附图可以用于解释权利要求的内容。全面覆盖原则也称字面侵权原则，是专利侵权判定的首要规则。亦即将被控侵权产品或方法的技术要素进行解析，然后将其与获得专利权的发明创造的技术特征进行对比，被控侵权产品或方法的技术要素与专利的技术特征相同，或者包括了专利的技术特征，就构成了对专利权的侵害。因此，在判定专利侵权时，必须反过来对获得专利的发明创造的技术特征进行分解。在分解专利的技术特征时，必须以权利要求书和说明书及附图为依据。就通说来看，权利要求书是划定专利权的核心文件，它明确列定专利权的技术特征，而说明书和附图保障的是专利的可实施性，是专利的实施例等操作性内容的组合。从形式上来看，权利要求书更为抽象，而说明书更为具体，说明书的目的是让该领域的技术人员确定该专利是可实现的。在适用全面覆盖原则时，如果通过分解确定发明创造的技术特征为 A + B + C，而被控侵权物的技术特征为 A + B + C，或者为 A + B + C + D + ……则构成了侵权；如果被控侵权物的技术特征为 A + B + C′，则不满足全面覆盖原则。在这种情况下，本不应判定构成侵权；但如果被控侵权物的第三个技术特征仅是对发明创造技术特征 C 的简单替换，和技术特征 C 相比，被控侵权物中的技术特征 C′解决的技术效果相同，使用的技术手段相同，达到的

〔1〕 李雨峰：《论专利公开与排他利益的动态平衡》，载《知识产权》2019 年第 9 期。

功能相同，如果僵硬地适用全面覆盖原则，对专利权的保护明显不利。于是在全面覆盖原则的基础上，法院创造性地发展出等同原则。这一原则最早被美国最高法院在1854年怀南思诉迪恩米德案（Winans v. Denmed）中所创造，后被我国司法和立法所确认。2002年3月我国最高人民法院在“机芯奏鸣装置音板的成键方法及其设备”发明专利侵权案中，首次认可了等同原则。[1] 在规范层面上，等同原则最早是以司法政策的形式出现的。2009年3月，最高人民法院在《关于贯彻实施国家知识产权战略若干问题的意见》中指出，“不断完善专利侵权判定标准，准确确定专利权保护范围，正确认定专利侵权行为，在依法保护专利权的同时，防止不适当地扩张专利权保护范围，压缩创新空间、损害创新能力和公共利益。严格专利权利要求的解释，充分尊重权利要求的公示和划界作用，妥善处理相同侵权与等同侵权的关系，适度从严把握等同侵权的适用条件，合理确定等同侵权的适用范围，防止等同侵权的过度适用”。2009年4月，最高人民法院发布了《关于当前经济形势下知识产权审判服务大局若干问题的意见》，要求各级法院“严格等同侵权的适用条件，探索完善等同侵权的适用规则，防止不适当地扩张保护范围”。2009年12月，最高人民法院在《关于审理侵犯专利权纠纷案件应用法律若干问题的解释》（以下简称《专利法司法解释（一）》）第7条第2款中吸收了等同原则。等同原则弥补了僵硬适用全面覆盖原则的缺点，但也带来了另外一个问题：专利权人在侵权判定中有可能为了打击侵权，将等同技术特征的内涵肆意扩大到相关被诉侵权技术要素的范围，从而在结果上扩大了专利权的保护范围。在最高人民法院提审的浙江乐雪尔家居用品有限公司与陈某某、何某某、温某某侵害发明专利

[1] 最高人民法院(2001)民三提字第1号民事判决书。

权纠纷中,[1]被告调换了原告专利中的步骤10和步骤11,而原告的权利要求中没有记载该两个步骤可以调换。原告主张适用等同原则,判定被告构成侵权。审理中,法院发现原告的说明书已经明确说明,这两个步骤可以调换。由于说明书的功能是向公众公开足够的技术信息,使第三人能够实现,而不是划定专利权的保护范围,因此,在说明书中公开而在权利要求书中没有记载的技术特征不能视为受保护的对象,它被捐献给了公众,不能成立等同侵权。

在说明书中公开但没有纳入权利要求中的技术方案被视为捐献给了公众,专利权人不能再适用等同原则,这种情况在专利法上被称为捐献原则。与等同原则相同,捐献原则也是美国司法界的创新,后被我国的司法和立法所吸收。在规范层面上,北京市高级人民法院最早在《专利侵权判定若干问题的意见(试行)》(2001年)第15条规定了捐献原则。最高人民法院2009年通过的《专利法司法解释(一)》第5条吸收了该原则。就捐献原则而言,它涉及以下几个方面的内容:第一,尽管其对应的英文是rule of dedication,在字面上,翻译为捐献原则,但由于在大陆法系国家,“原则”这一概念适用的范围非常宽,它是贯穿于整个法律体系的指导方针,是立法者、司法者和行为人都统一遵守的指南,[2]因此,在专利法上很多被称为原则的表述,如侵权判定中的“全面覆盖原则”“等同原则”等,从基本原则的角度来看,称为规则或者制度更符合其原意。囿于习惯,本书仍表述为“原则”。第二,等同原则是对全面覆盖原则的矫正,它排除了那些对专利技术特征进行简单替换而不被认定构成侵权的情况,但从权利人的角度来看,似乎扩大了专利权的范围,毕竟依照等同原则排除的技术方案没有写入权利要求中。为

---

〔1〕 最高人民法院(2013)民提字第225号民事判决书。

〔2〕 徐国栋:《民法基本原则解释》,中国政法大学出版社2013年版,第89页。

了防止权利人滥用等同原则,从司法政策上,法院必须适当限制等同原则。[1] 从制度架构的角度,捐献原则和禁止反悔原则均是限制等同原则肆意扩大的"安全阀"。从字面含义来看,禁止反悔原则解决的是,专利申请人通过对权利要求、说明书的修改或者意见陈述的方式,对权利要求的保护范围进行了修改、限制或者做出了部分放弃,在之后的侵权诉讼中,不能再主张等同原则将修改过程中放弃的技术方案重新纳入专利权的保护范围;捐献原则关注的是,在说明书中公开但没有记载在权利要求中的技术特征,不能通过适用等同原则纳入专利权的保护范围。审视专利权的保护范围"以权利要求的内容为准"这一表述,由于捐献原则适用的技术特征没有写入权利要求,也可以理解为捐献原则是禁止反悔原则的部分内容。第三,捐献原则解决的是权利要求和说明书的关系,它侧重的是权利要求与说明书这两份专利文件的不同法律定位。专利权的排他范围是通过权利要求书对第三人进行公示的,它保护的是公众的信赖利益;而说明书和附图的作用是告知社会技术方案的可实施性,是通过具体的实施例来描述发明创造的,二者的功能不同。

捐献原则被中国司法界所吸收将近二十年的时间里,学界和司法界也对该原则进行了一定的研究。目前的研究主要集中在以下几个方面。第一,大量的研究将捐献原则集中在对专利侵权判定中的适用上,认为捐献原则与全面覆盖原则、等同原则一样,都是在专利侵权判定中的规则,因此,对捐献原则的研究更多关注的是在专利侵权判定中如何适用这一原则。[2] 这一研究的依据是,无论是北京市高级人民法院的

---

〔1〕 孔祥俊:《知识产权法律适用的基本问题》,中国法制出版社 2013 年版,第 63 页。

〔2〕 参见崔国斌:《专利法:案例与原理》,北京大学出版社 2016 年版,第 742 页;闫文军:《专利权的保护范围》(第 2 版),法律出版社 2018 年版,第 85 页;闫文军:《专利侵权判定中的捐献原则》,载《中国发明与专利》2019 年第 1 期;李德山:《论专利侵权判定中的捐献原则》,载《全面实施国家知识产权战略,加快提升专利代理服务能力——2011 年中华全国专利代理人协会年会暨第二届知识产权论坛论文集》,2011 年;冯建明:《浅谈专利侵权诉讼中的捐献原则》,载《中华全国专利代理人协会年会暨第四届知识产权论坛论文汇编》,2013 年;李洪江:《捐献原则在司法审判实践中的再思考》,载《实施国家知识产权战略,促进专利代理行业发展——2010 年中华全国专利代理人协会年会暨首届知识产权论坛论文集》,2010 年;等等。

《专利侵权判定指南》还是最高人民法院的《专利法司法解释(一)》都是从专利权保护的角度进行规定。第二,对捐献原则的研究集中在该原则是对等同原则的限制这一视角。这一进路认为,专利权具有很强的排他效力,公开是专利的本质特征之一,应当强调专利权利要求的公示功能。等同原则扩大了专利的保护范围,如果不对其进行限制,过分扩大权利人的保护范围,将影响社会的创新能力,而捐献原则就发挥了这样的限制作用。[1] 第三,对捐献原则的研究集中在专利文件的公开是否充分上。这种观点认为,对于权利要求中主张保护的技术方案,申请人有义务在说明书中清楚地公开,使所属技术领域的技术人员能够据此予以实施;对于权利要求没有保护的技术方案,申请人在说明书中可以不对其作出清楚完整的说明。按照捐献原则,说明书中公开但没有记载到权利要求书中的技术方案,按照权利义务相一致的原则,申请人并无义务进行清楚完整的公开,这并不违背专利法"公开换保护"的立法宗旨。[2] 第四,对捐献原则适用中的具体问题的分析,如讨论捐献原则的适用条件、适用范围等。[3]

在国外,美国在司法实践中经常援引此项原则进行判案,其研究文献也相对集中,但基本也限于本书所统计的上述几个方面。如对捐献原则与等同原则关系的研究;[4] 捐献原则与专利公开本质的

---

〔1〕 孔祥俊:《知识产权法律适用的基本问题》,中国法制出版社2013年版,第63页;岳利浩:《捐献原则是对专利侵权判定适用等同原则的必要限制》,载《人民司法》2014年第7期;丁锦希等:《美国捐献原则及其对我国的启示》,载《知识产权》2011年第10期;侯宇:《论对于等同原则的恰当限制》,中国政法大学2006年硕士学位论文;余仲儒:《专利侵权的等同原则及其限制研究》,中国政法大学2006年硕士学位论文。

〔2〕 徐盛辉、李瑞梅、蔡婷婷:《捐献原则视角下公开不充分的法律适用问题》,载《专利代理》2017年第1期。

〔3〕 李德山:《专利捐献适用》,载《中国知识产权报》2010年1月8日,第6版;杨李:《专利法上捐献原则的适用研究》,西南政法大学硕士论文,2017年6月;缪阳:《专利捐献原则在中国适用之完善》,苏州大学2017年硕士学位论文;唐吉宏:《专利侵权判定中捐献原则的适用研究》,兰州大学2019年硕士学位论文。

〔4〕 Janice M. Muller, Patent Law, Wolters Kluwei, 2016, p. 692 – 693; Scott R. Boalick, The Dedication Rule and Doctrine of Equivalents, 87 Geo. L. J. 2363 (1999); Joshua D. Sarnoff, The Doctrine of Equivalents and Claiming the Future after Festo, 14 Fed. Cir. B. J. 403 (2004 – 2005); Matthew C. Phillips, Taking a Step Beyond and Maxwell to Tame the Doctrine of Equivalent, 11 Fordham Intell. Prop. Media & Ent. L. J. 155 (2000); [美] 罗杰·谢科特、约翰·托马斯:《专利法原理》,余仲儒组织翻译,知识产权出版社2016年版,第281页。

研究;[1]捐献原则与权利要求关系的研究;[2]捐献原则与专利申请书撰写质量、专利质量的关系。[3] 在德国,联邦最高法院曾有适用捐献原则的案例,也存在个别文献对此问题进行讨论,但没有冠以捐献原则的名义。如德国学者认为,“在任何情形下,说明书和附图中未为权利要求书的内容所包含的公告内容,即使在其中能发现可专利的时候,也应留在专利的保护范围之外”。[4]

现有关于捐献原则的研究呈现以下几个特点:第一,研究文献较少。目前为止,还没有对捐献原则进行系统研究的学术型论文,已有的研究文献与对等同原则的研究相比,还远远不够,除了几篇介绍性的硕士论文之外,国内未见博士论文,更欠缺专门性、系统性研究该制度的专著。第二,已有的研究较为零散。现有的文献多集中在对捐献原则与等同关系的讨论,对捐献原则适用范围的讨论,而没有将其置于整个专利法的体系下进行讨论。第三,已有的研究对于捐献原则的法理基础讨论较少,更多地集中在制度层面,集中在专利侵权判定中的梳理。

与之相比,本书的创新之处在于:第一,将捐献原则的研究置于专利法的体系中。无论是司法还是法律规范层面,无论是学术研究还是法律适用,都将捐献原则集中在专利侵权判定的框架下。本书指出,捐献原则解决的是说明书和权利要求书的关系问题,涉及的是专利权的边界,它不应限于专利侵权判定中,在专利授权和确权中均应当适用。因此,在本书看来,捐献原则的法规范基础并不是《专利法》第59条,而

〔1〕 Robert A. Migliorini, The Dedication to the Public Doctrine and Lessons for Patent Practitioners, 87 J. Pat. & Trademark Off. Soc'y 825(2005).

〔2〕 Joshua D. Sarnoff, Abolishing the Doctrine of Equivalents and Claiming the Future after Festo, 19 Berkeley Tech. L. J. 1157(2004).

〔3〕 Victor G. Trapasso, Unclaimed Patent Disclosures and the Presumption of Dedication, 43 J. Pat. Off. Soc'y 140, 157 (1961); Scott R. Boalick, Patent Quality and the Dedication Rule, 11 J. Intell. Prop. L. 215, 274 (2004).

〔4〕 [德]鲁道夫·克拉瑟:《专利法:德国专利和实用新型法、欧洲和国际专利法》,单晓光等译,知识产权出版社2016年版,第885页。

是《专利法》第39条。《专利法》第59条仅规定了专利权的保护范围，从体系结构上，它限于对专利权的保护。而《专利法》第39条涉及的是专利批准，并规定了专利的公告要求，这意味着从此处第三人可以获得专利权的界限。将捐献原则的法规范基础置于第39条，它不仅可以涵盖专利侵权判定中的适用问题，还可以使专利价值评估、专利许可费的确定均适用该原则。第二，本书从法哲学的层面讨论了捐献原则的理论基础。一项技术方案是否授予专利权，体现的是分配正义。而捐献原则体现的是一种矫正正义。它反映的是就发明创造的私有控制与他人使用之间的一种平衡。按照捐献原则，尽管有些技术方案是发明人完成的，按照分配正义应当由专利权人对其私有并控制，但由于这些方案仅在说明书中进行了公开而没有记载在权利要求书中，而权利要求书被认为是划定专利权范围的重要文件，这些方案就不属于专利权人的控制范围，它被视为捐献给了公众。从另外一个角度来看，这些技术方案被置于任何人可随便使用的状态中。它把按照分配正义应当把产权配置给专利权人的技术方案从专利权人手里进行了剥夺，把平等的机会给予了社会公众。从技术上来看，专利权人享有专利权必须具备一定的条件，如技术方案的专利性要求、合法性要求以及一些程序上的要求。这意味着如果发明人没有满足这些要求，他就不能享有专利权，这是实现专利权人分配正义的条件。反过来看，如果发明人没有满足这些实现分配正义的条件，他就无法享有分配正义的利益。而捐献原则涉及的技术方案，由于发明人没有满足相应的条件，就无法享有分配正义的利益。这些技术方案，经由矫正正义，被置于任何人均可自由使用的领域。第三，本书通过系统研究我国司法适用中的案例，对捐献原则的适用条件和范围进行了认真梳理，澄清了一些模糊认识，讨论了专利在授权之后修改的必要性，认为基于某些特别的原因，在专利授权之后，应当允许对其专利进行修改，在某些特殊情况下，应当允许专利范围的扩大(当然,若要达到这一目的,必须严格限定范围扩大的条件)。在此基础上,为我国专利法的修改提出了修改建议。

在本书撰写中,笔者采取了实证研究、比较分析、逻辑论证的方法。笔者梳理了2013年以来我国相关法院适用捐献原则的情况,发现有些法院在适用捐献原则时存在认识上的偏差,有些案例根本不需要适用捐献原则就可认定不构成侵权,有些案例根本就不是对捐献原则的适用。通过梳理这些案例,本书发现,尽管在法律规范层面,我国捐献原则的规定比较清晰,但在适用中存在模糊认识。在比较研究分析中,本书梳理了美国法院适用捐献原则的脉络,发现与其来源国相比,我国规定的专利捐献原则比较严厉,没有给专利申请人因为疏忽没有将某些技术特征写入权利要求的救济途径。在本书看来,申请人因为疏忽没有将某些技术特征写入权利要求,与申请人希望日后利用等同原则来扩大权利要求而没有将某些技术特征写入权利要求是存在差别的,应当对前者给予一定的救济措施。在此基础上,本书为我国的专利捐献原则的修改提出了建议。通过逻辑论证,本书探讨了捐献原则的法理基础和功能,认为应当将捐献原则置于整部《专利法》的体系下进行研究,不应囿于《专利法司法解释(一)》的规定,捐献原则既是侵权判定的规则,又是划定专利权边界的规范。从法政策上来看,捐献原则体现了法院在适用等同原则时的谨慎态度;从法理上来看,捐献原则体现了矫正正义的考量。

# 第一章 专利权利保护范围的确定

无形性作为知识产权的重要特征，使确认知识产权的边界相较之其他的财产权利类型具有更大的难度。专利法没有对体现发明创造的任何特定的有形物质赋予财产权；相反它产生的是更加抽象的专有权益。它完全独立于体现发明的特定的有形物质。[1] 专利法通过对赋予创新临时的垄断来“促进科学和实用技术的进步”，这种垄断会给垄断者带来一定的财产利益，因此，与其他财产权相同，垄断的界限也应当是清楚明确的。这种界限对于推动社会进步来说至关重要，因为界限使对创新的投资更为有效。从权利保护的角度，公众不仅需要知道如何实施发明创造，更需要确定发明创造保护范围是什么，以避免僭越他人的权利。专利权人应当知晓其所拥有的是什么，而公众也应当知晓专利权人并不拥有的是什么。[2] 基于此，现代专利法通过相关的专利申请制度尤其是书

---

〔1〕 A. s. Solomons v. United States, 21 Ct. Cl. 479, 483, affd, 137U. S. 342 (1890).

〔2〕 [美]J. M. 穆勒：《专利法》(第3版)，沈超等译，知识产权出版社2013年版，第310页。

面的专利文件来定义某一专利权利。专利法通过抽象的语言文字试图划定一个个专利权利的边界，而在通过抽象的语言文字界定具体的发明方案时又产生了诸多解释专利文件的规则，专利法中大量制度设计的目的都是合理地确定专利权利的保护范围。专利权利保护范围的确定贯穿着专利法律制度的各个方面，是专利设计、研发、运用的基础。

## 一、专利权利保护范围确定的历史演进

### （一）说明书推定专利权利保护范围

一般认为，英国1624年的《垄断法案》是世界上第一部现代意义上的专利法，[1]该法案限制了王室授予垄断的权利，转而采取王室颁发"专利特许证"的方式，那时还没有关于在专利申请文件中公开技术方案的要求。1670年，英王颁布了《私人财产法》，首次要求专利申请人应当在申请专利后三个月内将其申请专利保护的内容以书面形式公开。1711年，衡平法院（Court of Chancery）要求专利申请人内史密斯（Nasmith）在专利授权后六个月的时间内提交一份对其发明进行详细说明的书面说明书，这应当是世界上第一份说明书。[2] 历史惊人地相似，德国关于说明书撰写的要求也体现了这一趋势。根据德国1877年颁布的第一部专利法的规定，专利说明书中并不包括权利要求内容。[3] 在美国专利制度发展的早期，第一届国会1790年通过的《专利法案》开始规定采用书面描述的做法。[4]

追溯专利法律制度的源起，和版权法一样，专利法源于中世纪的

---

〔1〕 郑成思：《知识产权论》，法律出版社2001年版，第7页。

〔2〕 国家知识产权局条法司编：《专利法研究（2008）》，知识产权出版社2009年版，第32页。

〔3〕 同上书，第33页。

〔4〕 美国1790年《促进实用技术进步法案》（An Act to Promote the Progress of useful Arts）第2条规定，"发明者应当向国务卿递交一份包含有描述……由其……做出的发明的……书面说明，该书面说明应当非常详细而具体，不仅能够将其发明与其他在先技术区别开来，而且能够让该领域的普通技术人员制造、生产、使用该专利技术"。

君授特权制度。最初的专利制度首先解决的是对某一发明赋权的问题,并未进一步就权利的范围如何限定做出安排,甚至都没有要求发明人公开技术方案。一旦发生纠纷,由法官向权利人了解发明方案的具体内容,再进行是否侵害了专利权的判断。专利法并不是对体现发明创造的任何特定的有体物产生排他的财产权,因此,通过相关的制度事先明晰权利的范围是专利权后续使用的基础。专利法首先创设了说明书制度,申请人经由说明书向公众公开其发明创造,公开的内容是说明和解释如何制造或使用该发明创造,也要说明该发明创造与在先的产品和方法有何不同。新发明一般是基于前期技术研发基础上的提升或革新,专利的说明书的内容则多先介绍现有技术的背景,再对发明人在本发明创造中的技术方案进行阐释,采用怎样的技术手段达到了怎样的技术效果,也包括对发明具体实施例的详细介绍。可以说,早期的说明书囊括了与发明技术方案相关的方方面面的内容。

说明书的出现,为各方展示了发明是什么的问题,但仍未解决权利人能够获得法律保护的内容究竟是什么的问题。这一时期的做法是通过说明书记载的事项来推定专利权的范围,面对这样各方面内容交织在一起的说明书,需要概括归纳出到底什么是专利权人的发明创造。而这种概括与归纳,对司法机关及社会公众来说都缺乏统一性、稳定性、确定性和可预见性,无疑增加了各项社会成本。专利权人能够主张权利的范围,在未出现权利要求书这一专利法律文件时,并未在专利文件中直接地表述出来。如果有相关的纠纷,只得在诉讼中经由审理机关即时讨论确定,专利权的保护范围实质上仍然是由司法后续认定。这一路径仍过于主观且不科学,对专利申请人而言,如果不能在划定自己发明技术方案的保护范围时掌握主动性,并不能最大限度保护自身的利益。

## (二)权利要求书与书面描述(说明书)的分离

从内容凌乱的专利文件中概括总结出专利的保护范围具有不确定性,这一弊端催生了权利要求书的出现。从说明书推定专利保护范围到将权利要求书要求为独立的专利文件组成部分,经历了一段时期的演变。英国1883年通过了《专利、外观设计与商标法》,要求申请人在申请文件中列明权利要求,〔1〕德国1887年第一部专利法并没有关于权利要求书的规定,专利权的保护范围主要由说明书来界定。1891年修订后的《德国专利法》明确要求专利申请文件中撰写权利要求成为申请人提交专利申请时的一项义务,要求在专利申请文件中必须写明至少一项权利要求。有资料显示在上述两个国家,列举独立的权利要求均是由专利申请人在实践中率先实行,因为申请人发现需要在说明书中划分出他们垄断性权利的界限,就如同采矿者在其授权的采矿权的区域标记一样。〔2〕英、德两国早期的专利制度历史表明,在早期,并不存在一份独立的权利要求书,关于权利要求的内容,也没有直接描述出来。美国专利制度发展虽较英国晚,但其发展却更加成熟。在成文法上,美国于1790年制定的专利法增加了申请人须针对新旧技术做出区别的要求的内容,进而影响判例,并于1863年修法将权利要求概念明文化,促进了研究及实务上就权利要求与说明书部分相分离的趋势。直到1870年,权利要求才成为专利申请的法定必要部分,专利权人要通过撰写清晰的权利要求限定他们的财产利益。〔3〕

美国专利法对专利申请的要求,是一个被称为专利说明书

---

〔1〕 该法第5条规定,"对于专利说明书而,结尾之处都必须有一段关于要求保护的发明内容的单独说明"。

〔2〕 Johna A. Kemp, Patent Claim Drafting and Interpretation Claim Drafting: An Historical Survey, p. 17. 1883年英国专利法s5(5),"无论是provisional或者完全的说明书,都应当以标题开始。在完全的说明书中,应当以单独的陈述作为结尾表明发明的权利要求。"这一要求在1907年的专利法中未作修订,在1949年的专利法s4(3)(c)项中规定,"完整的说明书应当以一个或数个权利要求结尾,以界定发明主张的权利要求的范围"。

〔3〕 Act of July 8. 1870, Ch. 230, 16 Stat. 198.

(specification)的文件,包括书面描述(written description)、附图(必要的时候)、权利要求(claims)。权利要求被安排在专利说明书的最后部分,并且每项权利要求按照编号排列的单句段落,[1]具体表现为claim1、claim2……的形式。[2] 专利权的保护范围,以权利要求的形式来体现,在申请专利时,并没有独立的权利要求书这一文件。在用语上,依《美国专利法》第112条及《欧洲专利公约》第69条的规定,权利要求被称为"claim",claim的英文字面含义是要求、主张的意思,其基本含义就是申请人所主张的垄断权利的范围。美国采取的是在书面描述中单独列出权利要求,其他多数国家采用权利要求书和说明书分立且共同组成专利权利文件的方式,无论在专利文件中如何表达,权利要求从内容和形式上都是作为独立的部分存在。日本所谓专利的权利请求范围,是指从以无体的信息利用行为为对象的专利权的特质出发,鉴于专利权的权利范围的不明确性,为了能够通过文字表达来界定专利权的权利范围,而引入的一项专利制度。[3] 申请人必须将其认为是特定发明所必需的全部事项记载在其请求范围中,《日本专利法》第70条称为"专利发明的技术范围"。日本的专利申请文件是指请求书,请求书附有权利要求书、说明书、附图等,其使用专利发明的技术范围指示专利权的权利范围的概念。与许多国家类似,日本专利法也认为,专利发明的技术范围是以权利请求范围为基准决定的,但说明书的记载及附图等仍是在解释权利请求范围所记载用语意思时的重要参考要素。

如上文所述,虽形式或者用语上不尽相同,但均是指专利权的权

---

〔1〕［美］J. M. 穆勒:《专利法》(第3版),沈超等译,知识产权出版社2013年版,第8页。

〔2〕《美国专利法》第112条第1款规定,"说明书以一个或数个权利要求特别指出并明确地声明其专利所欲请求的内容"。

〔3〕［日］田村善之:《日本知识产权法》(第4版),周超、李雨峰、李希同译,知识产权出版社2011年版,第208页。

利范围。简单地说,专利权利要求书就是用精雕细琢的语言来定义专利权人排他性权利的单句。[1] 在所有专利法律文件中,最重要的部分是权利要求。权利要求用于确定专利权人专利发明范围,即专利权人所享有的财产性技术权利的界限。[2] 需要注意的是,我国专利法中的"说明书"被翻译为 specification,其含义和美国法是不同的。在翻译美国专利法的 specification 时,尽管也翻译为汉语的"说明书",但在美国法上,"说明书"这一文件包含了权利要求部分,而我国的权利要求书是独立的文件,从范围上看,我国专利法的说明书相当于美国专利法的说明书中的书面描述部分。因此,我国专利法上界定专利保护范围以权利要求书为准,说明书用来限定权利要求部分,在美国专利法上就应该是专利保护范围以说明书的权利要求部分为准,书面描述部分用来限定权利要求。中华人民共和国第一部《专利法》于 1984 年颁布,立法直接借鉴了使用权利要求界定专利保护范围的做法,要求发明和实用新型在申请中应包含权利要求书和说明书的相关部分。

(三)权利要求书与说明书的功能划分

权利要求书和说明书的各自独立,首先从形式上区分了专利文件的功能定位。既要全面地公开技术方案以达到技术人员可以实施的程度,同时又要简明扼要,使社会公众能够理解该技术方案的创新范围,同一份专利文件实现上述两大功能存在困难,或者说并非最经济的方式。发明人作为最为清楚发明方案内容的一方,在申请法律赋予其垄断性权利的初始,告知授权方及公众其所要求主张权利的边界,既符合客观现实的需要,同时也符合当事人权责自负的基本要求。权利要求

〔1〕 Kenneth L. Port, Intellectual Property Curricula in the United States, 46 IDEA 165, 170(2005).

〔2〕 Roger E. Schechter & John R. Thomas: *Principles of Patent Law*, Thomson West, 2004, p. 200.

书制度的出现，深刻地影响了专利法律制度后续的发展，至此之后，首先界定专利权利要求的义务从法院移转给了专利申请人。对于公众而言，事先撰写权利要求并进行审查，可以最大限度地明确专利权的边界，降低公众预防侵权的信息成本。〔1〕然而，即便权利要求书形式上独立出来，撰写与理解权利要求依然不是一件易事。回顾早期的一些专利文件中对所谓权利要求的描述，较多采用的是"实质上如上所描述的"等简单指示性的用语，实际又一次将决定专利排他范围的权力留给了司法机关。这种撰写方式基本上持续到20世纪中期，随着专利撰写技术的提升以及相关法律和判例将权利要求书逐步确定为划定专利权利保护范围的法定文件才有所改观。〔2〕按此，权利要求书从书面文件中独立出来，说明书和附图只描述专利发明创造是什么、如何实施，权利要求概括出专利权利的保护范围。各国法律都逐步对说明书与权利要求书的撰写提出了一定的形式要求并赋予其相应的法律意义。在美国专利法中，书面描述指的是专利文件的一部分。一项专利的书面描述包括，除了权利要求以外的说明书的全部内容（书面描述包括专利说明书中的"背景技术"、"发明内容"以及"具体实施方式"）。〔3〕基本上对于说明书的要求都是定位于对发明具体技术方案的公开，类似于针对本领域一般技术人员的操作指南，但又并非所有技术细节都应当囊括。当然说明书的公开重点是要合理地呈现技术方案所包含的创造性高度和保护范围的宽度，包括所涉技术方案对比现有技术有何进步，基于何种原因做此改进，遵循了怎样的技术思路并取得了怎样更优的技术效果等，重要的是基于说明书公开的技术范围，匹配适当的权利要求以满足专利授权条件。

〔1〕 Clarisa Long, Information Costs in Patent and Copyright, 90 Vir. L. Rev. 465, 469(2004).

〔2〕 Vickers v. Siddell (1890) 15 App. Cas. 496, p. 505.

〔3〕 [美]J. M. 穆勒：《专利法》（第3版），沈超等译，知识产权出版社2013年版，第112页。

与之相对应，专利权利保护范围的确定，权利要求无疑是最直接最重要的法律依据，其法律意义在于，用清楚明晰的语言使潜在的竞争者在无须过多解读专利文件的情况下，评估技术研发与投资的法律风险。权利要求尽量对说明书公开的具体技术方案进行准确恰当的概括，既不能局限于说明书中的具体实施例而使专利的保护范围过窄而未能体现权利人的实质性贡献，如常见的上位概念概括范围过窄；亦不能偏离公开的技术内容而被认为权利要求未能得到说明书的支持。书面描述以及附图所提供的具有可实施性的公开内容必须与权利要求范围形成合理的对应关系，即技术方案的创新贡献与专利权利要求获得的排他性保护范围相称。纽曼（Newman）法官指出，“在定义排他性客体的边界时必须十分小心：必须对发明人有所保护，从而鼓励商业发展；但是权利要求的范围必须与发明人的贡献相称”。[1] 实践中，也不乏简单将说明书中的部分内容粗糙提炼，进而作为权利要求书的低质量专利文件的例子。我国专利法对权利要求的要求是“清楚”“简要”。《专利审查指南》指出，“清楚”意味着权利要求书记载的信息，其每一项权利要求应当清楚；构成权利要求书的所有权利要求作为一个整体应当清楚。它意味着必须采用所在技术领域的规范的技术术语，信息所反应的主题必须清楚，不能模糊，技术信息所确定的权利保护范围必须清楚，不能使用模糊的概念，如“高温”“厚”“最好是”等。“简要”是指技术信息所反映的每一项权利要求简要，权利要求书中的所有权利要求作为一个整体简要，除记载技术特征外，不得对缘由或者理由做不必要的描述，也不得使用商业性宣传用语。[2] 《欧洲专利公约》第84条制定了权利要求的内容和措辞的相关原则，规定权利要求应当清楚且

---

〔1〕 In re wands, 858 F. 2d 731, 741 (Fed. Cir. 1988).

〔2〕 国家知识产权局制定：《专利审查指南2010》（2019年修订），知识产权出版社2020年版，第148页。

简洁并且得到说明书的支持。通常权利要求应当通过技术特征表明请求的保护。[1] 关于“清楚”，是指权利要求书不用引用说明书就应当是清楚的。技术上诉委员会认为，使用一般技巧阅读权利要求书时，权利要求书本身应该是清楚的。一般技巧包括关于现有技术的知识，但不包括源于说明书本身及修改后的专利的知识。[2] 《欧洲专利局审查指南》的相关规定指出，权利要求不应当宽到超出发明的范围，也不应窄到使发明人得不到公开其发明所应当得到的公正报酬。申请人可以将明显的改进、等同物以及说明书中描述的用途包括在权利要求中。[3] 权利要求并非总是必须确定技术特征或步骤的所有细节，必要特征（尽管正常以技术术语表述）的作用通常是限定发明的边界，而不是限定在这些边界内的发明细节。对专利至关重要的技术特征应该是指对解决技术问题绝对不可或缺的特征。这意味着在权利要求中不应该包含关于商业优势或其他的非技术性数据等信息，这些内容可以放到书面描述而不是权利要求中。[4]

## 二、专利权利保护范围确定的不同路径

纵观各国专利法的相关规定，普遍将专利申请文件中的权利要求书定位为划定专利权边界的法律文件。作为专利制度中重要且特殊的法律文件，权利要求书起到的是文字围墙功能，其文件的四角便划定了该专利权利的保护范围，向公众提供合理清楚的公示，是专利权人的竞争者知晓在不侵害专利权人排他性权利的情况下，可以模仿专利发明

---

〔1〕 欧洲专利局上诉委员会：《欧洲专利局上诉委员会判例法》，北京同达信恒知识产权代理公司译，知识产权出版社 2016 年版，第 234 页。

〔2〕 李明德、闫文军、黄晖、郃中林：《欧盟知识产权法》，法律出版社 2010 年版，第 304 页。

〔3〕 《欧洲专利局审查指南》C－III 6.1。

〔4〕 Johna A. Kemp, *Patent Claim Drafting and Interpretation: An Historical Survey*, Wolters Kluwer, 2003, p. 70.

创造的程度。[1] 即便如此,独立的权利要求书并非孤立的权利要求书。

(一)权利要求的解释原则

1. 中心限定原则

早期专利文件中没有单独的权利要求书,说明书囊括了技术发明的所有重要和非重要信息。在此撰写方式的背景下产生了中心限定解释原则。即便权利要求书独立出来之后较长一段时间里,从发明的实质目的概括权利要求所包含的垄断性权利的范围仍然是解释权利要求的基本方式。在中心限定理论下,权利要求作为专利权利范围的功能比较弱,更主要的作用是抽象出权利人基于现有技术基础所做的创造性技术贡献,其目的在于对专利的授权条件进行判断。在授权之后,审理侵权纠纷案件的法院在判断侵权是否成立时可以通过专利说明书和附图的内容认定发明构思,较为自由地拓展权利要求的文字所表达的保护范围,使其涵盖从文字上看不同于权利要求内容的实施行为。[2] 从中心限定理论的角度来看,权利要求并不是对专利排他性的范围进行限定的"篱笆",而仅仅是以权利要求作为一个圆点,并以该圆点为中心,概括总结权利要求文本所体现的技术方案,专利的权利保护的范围由此可能形成一个小圆形。中心限定的方式,类似于将一项最优实施例的定义,理解成包含所有等同的实施例。

与中心限定类似的宽松标准解释原则还有英国在 Clark v. Adie[3] 中提出的"发明精髓原则"(doctrine of pith and marrow)。在区分必要技术特征与非必要技术特征的基础上,寻找发明技术构思下权利要求所涵盖的范围。有学者指出,在中心限定原则下,如果当时的专利中包括权利要求,那些权利要求也只不过是事后想法,其法律重要性完全不

[1] [美]J. M. 穆勒:《专利法》(第3版),沈超等译,知识产权出版社2013年版,第310页。
[2] 尹新天:《专利权的保护》,知识产权出版社2005年版,第432页。
[3] Clark v. Adie 2APP Cas 315,320(1877).

及书面描述。[1] 权利要求书是主观的而非客观的，需要对权利要求进行解释。在这种解释方式下法院具有极大的自由裁量权，超越权利要求文本而给予其全新的内涵亦并不少见。中心限定的解释方式给予了裁判者最大的自由和空间来归纳解释发明的本质创新之处，其优点在于专利的保护功能发挥得较为充分，但时常不确定权利人排他性范围的终点在何处。

2. 周边界定原则

周边界定原则是专利文本主义的体现，权利要求的字面语言所至是专利权的保护范围。在侵权判定时，不需要对权利要求的内容进行过多解读，严格根据权利要求的字面含义划分技术特征，被控侵权技术要素从文字意义上重现了权利要求中的各技术特征时，即可认定落入权利要求的保护范围。[2] 周边界定的含义是权利要求清楚地记载专利权人的财产权的边界或周边范围，从而形成权利人在有限时间内的排他性权利。[3] 周边界定原则强调的是专利文本本身，注重的是权利要求的形式、外观所代表的法律意义。该原则遵循严格登记主义，将所登记的法律文件文本指示其所代表的权利。周边界定理论代表了极强的公示性和确定性的效力，发挥了权利要求书界定与区分专利权利的功能，对明晰权利边界、引导公众规范行为，尤其是规避非故意侵权有积极的促进作用。周边界定主义在权利要求独立成为专利文件的一部分后，对专利文件的解读的要求比较严格。自 1870 年《美国专利法》以成文法规定发明人书面描述中区分说明书与权利要求起，周边主义的解释路径逐步为大家所接受。

基于周边界定主义的主旨，专利是发明人与公众之间就发明实施

---

〔1〕［美］J. M. 穆勒：《专利法》（第 3 版），沈超等译，知识产权出版社 2013 年版，第 59 页。
〔2〕EMI Group N. A. Inc. v. Intel Corp. ,157 F. 3d. 887. 892（Fed. Cir. 1998）.
〔3〕［美］J. M. 穆勒：《专利法》（第 3 版），沈超等译，知识产权出版社 2013 年版，第 59 页。

独占权利所签订的契约,而专利权利的范围正是契约的事项条款,所以专利权范围应只及于已描述于说明书且定义于申请专利范围的事项,理论上不得利用等同主张对权利范围作扩充解释,周边界定原则强调文本的外部真实性与内部文件的一致性,对权利要求书公示性功能的强调发挥到了极致。社会公众所看到的权利要求的书面文字就是发明专利保护的范围,权利要求的解释不需要过多的解读。周边界定原则在确保确定性的同时,对专利权人撰写专利文件的精确性提出了非常高的要求。事实上,即便加大成本提高了专利文件撰写水平,机械性地字面解释面临的问题是仍不能为发明方案提供周全的保护。

3. 折中主义原则

中心限定与周边界定在权利要求的解释上分别为过于宽松和过于机械的两个极端,彻底适用上述某一项规则对于适当界定专利权利的保护范围均不恰当。《欧洲专利公约》采用了所谓的折中主义原则,一是可以避免周边界定主义过于拘泥权利要求的文本,可能对专利权人发明创造保护不周这一缺陷;二是可以缓和中心限定主义公示性不佳的弊端——社会公众无法直接通过专利文件明晰他人权利的边界而容易引发非故意侵权,降低中心限定主义面临的不当扩大专利权利保护范围的风险。

折中主义原则不但被欧洲专利公约国所遵循,也成为英、德等国家解释权利要求的重要准则。英国基于《欧洲专利公约》和《欧洲专利公约第 69 条解释议定书》,对专利权利要求的解释演变为目的解释方法(Catnic-Improver 标准)。[1] 英国所采用的目的解释方法的理论出发点在于,专利权利要求书是专利权人自己撰写的用以设定专利权独占范

〔1〕 该原则在 1982 年的凯尼克(Catnic)案和 1990 年的英普罗维尔(Improver)案中提出。

围的文件。因此,在根据专利权利要求书确定专利的独占范围时,应当重视专利权人的意思。专利权人的意思并不是指专利权人内心意思,而是本领域技术人员所理解的专利权人的意思。[1] 其基本的意见是,根据议定书第69条的规定,在解释权利要求的时候,应结合说明书和附图确定发明人的目的。[2] 目的解释是中心限定理论的一种解释方式,英国对等同原则谨慎适用的重要原因之一,是在目的解释的方法下,法院并未只是单纯采用文字解释的方式,而是已经通过权利要求的字面含义,考虑了普通技术人员所理解的发明申请人所表达的意思。

我国专利法中关于专利保护范围的解释,从一开始就借鉴了《欧洲专利公约》折中主义的解释方式。《专利法司法解释(一)》第2条的规定,实际是对专利法律实践中坚持的折中主义解释原则的肯定。折中主义的权利要求确定路径以权利要求书为划定权利范围的根本依据,同时又不完全脱离说明书和附图所反映的完整技术方案。立法与司法实践同时逐步完善出一套说明书、附图与权利要求书之间配合而又制衡的解释规则,以期在文本反映的公示性、确定性与技术方案实质贡献之间达成完美平衡。折中主义避开了专利文本的“四角”,使权利人的权利边界扩大到权利要求书文字含义之外,当然仍应当以说明书所公开的技术方案为支撑。在解释权利要求的价值取向上,该原则体现了既要给专利权人以适当的保护,又要维护社会公众对确定性的预期。本书后续展开的一系列法律规定与法律规则的探讨,都是专利制度在上述两个目标之间寻找最佳位置的平衡之举。

---

〔1〕 闫文军、罗治成:《英国专利侵权判断中的等同原则和禁止反悔原则》,载《科技与法律》2017年第3期。

〔2〕 闫文军:《专利权的保护范围》(第2版),法律出版社2018年版,第269页。

(二)折中主义原则下权利要求解释的具体规则

权利要求书是独立而非孤立的专利法律文件,相反,它是与说明书甚至申请历史等共同构成的完整统一专利文件。具体如何解释,包括说明书与权利要求的关系,使用说明书解释权利要求的含义与通过引入说明书限制权利要求是否存在差异等问题,成为贯穿专利撰写、申请、确权、侵权诉讼等专利运行环节中最为重要的问题。可以说,整个专利法律制度都始于并围绕专利权利保护范围的确定,具体而言是对权利要求的解释。专利工作各个面向的核心便是权利要求的解释。[1]

1. 权利要求解释的主体

权利要求解释的主体的问题,顾名思义,是讨论由谁对权利要求进行解释的问题。一般而言,针对某一专利权利文件,专利发明人、技术人员、竞争对手、专利行政授权机关、司法机关以及相关社会公众,都是潜在的阅读者和解读者。不同于对一栋房屋或一片林地的边界的认知,他们对权利要求的理解或许相同,或许有共识亦有差异,或者完全不同甚至相互矛盾。从目前专利法律制度的结构来看,能够对专利权利保护范围产生具有法律效果的解释,当然是指相关专利行政部门及法院等司法机关的解释。申请人向专利审查机关提交一项最初的技术方案,通过法定的修改、审查程序,在满足专利法关于专利授权规定的基础上,该技术方案就此获得了专利授权。当审查员决定是否核准一项发明专利时,审查的重点就是权利要求。当法院在有效性和侵权判定时,他们考虑的焦点就是原告的专利中对权利要求的解释。[2] 专利权的保护范围在专利权利获得授权时便已经通过专利文件确定,该专

〔1〕 Martin J. Adelman, Randall R. Rader, Gordon P. Klancnik:《美国专利法》,郑胜利、刘江彬译,知识产权出版社2011年版,第156页。

〔2〕 [美]罗杰·谢科特、约翰·托马斯:《专利法原理》,余仲儒译,知识产权出版社2016年版,第6页。

利权利保护的范围就应当指涉专利文件授权文本中权利要求书的内容。相比海量的专利申请及授权数量，涉诉的专利在数量上不具有可比性。有研究认为，事先大力度的审查授权制度可能并非合理的制度选择。[1] 专利权具有排他的属性，在侵权认定时，具体则是审查被诉侵权技术要素是否与专利权利的技术特征相同或等同。从这个意义上来说，在现代专利制度中，专利权的保护范围在进入侵权诉讼时才实际最终获得检视。并非权利要求的解释在授权阶段与侵权阶段遵循根本不同的解释原则，而是相较于行政审查程序，司法的终局性使裁判规则对行政审查产生积极影响。从某种意义上来说，司法过程中法院解释权利要求的方式在一定程度上反映了司法对专利权利保护的态度，也是知识产权司法政策的最终体现，体现了知识产权整体保护水平。本书基于此，重点以法院对权利要求解释的视角进行展开。

在区分事实问题与法律问题的美国司法制度下，陪审团与法官分别对事实问题与法律问题作出认定，因此，将权利要求解释问题理解为事实问题抑或法律问题，产生的直接影响是由陪审团或法官解释权利要求。在这一问题的争论上，经过马克曼诉韦斯特维尤仪器公司案（Markman v. Westview Instruments, Inc.）[2]得以澄清并确立了美国专利侵权诉讼中特有的马克曼听证制度。美国联邦最高法院基于以下三个理由认为专利权利要求的解释是一个法律问题，由法官进行判断更为合适：一是解释法律文件是法官的专长，作为特殊法律文件的权利要求书，由更具法律素养的法官解释更为合适；二是经训练有素的法官判定专家证词，比陪审团判定专家证词以反映社群标准（community standard）来得重要；三是基于联邦巡回上诉法院（CAFC）的设立，由法

[1] Mark A. Lemley, Rational Ignorance at the Patent Office, 95 Nw. L. Rev., 1495, 1507(2001).
[2] Markman v. Westview Instruments, Inc. 517 U.S. 370(1996).

官解释权利要求能更好地确保权利要求解释的一致性。[1] 作为美国专利诉讼中特有的制度设计，马克曼听证制度的主要功能是，在听证阶段即可完成权利要求的解释并确定了专利权利的保护范围。而一旦专利权利保护范围确定后，很多纠纷在该阶段即完成和解而无需进入后续冗长而昂贵的诉讼程序。虽然美国联邦最高法院在马克曼案中没有提到在上诉程序中对权利要求的审查原则问题，但在实践中，联邦巡回法院对地区法院的权利要求解释的上诉一般适用重新审查原则（de novo standard of review），即联邦巡回法院可以不遵从地区法院对权利要求解释的裁决，在上诉案件中重新审查权利要求并作出解释，而不是将其视为一经审查就确定的事实问题。在不实行陪审团制度的其他大多数国家，权利要求的解释是侵权诉讼中的先决法律问题，在侵权诉讼中一并处理。对权利要求解释问题，我国司法制度中也将其作为法律问题。我国最高人民法院知识产权法庭成立后的第一案，即上诉人厦门卢卡斯汽车配件有限公司等与被上诉人瓦莱奥清洗系统公司等侵害发明专利权纠纷案中，法院明确指出，尽管当事人未对权利要求的解释提出异议，但是权利要求的解释是法律问题，且本案中对技术特征的不同认定会导致侵权对比方法的明显差异，可能影响侵权判定结果，法院据此对原审法院权利要求的解释进行了纠正。[2]

专利文件与一般法律文书的根本区别在于其是技术方案的法律化表达，既非单纯的技术文本，亦非单纯的法律文本，仅从技术事实角度或仅从法律逻辑角度都不是准确解释权利要求文本的正确路径。从这个意义上来说，很难评判专业技术人员从技术角度对专利文本的理解和法律经验丰富的法官从法律角度对专利文本的理解孰优孰劣。专利

〔1〕 Commissioner v. Duberstein, 363U. S. 278, 289, 80S. Ct. 1190, 1198, 4L. Ed. 2d 1218 (1960).

〔2〕 最高人民法院(2019)知民终2号民事判决书。

授权采用行政审查的重要因素之一，即通过科学分工、训练有素的审查员，区分不同专利类型进行实质审查或形式审查，并辅之以纠错的无效程序及专利权利保护的司法审查程序，从而来面对技术发明背后浩瀚的科学技术领域。而在司法程序中，法官一般不具有专利的技术背景知识。当然，随着专门的知识产权法庭、知识产权法院以及最高人民法院知识产权法庭等专门的知识产权审判组织的设立，知识产权司法保护能力逐步提升，具有丰富技术类案件审判经验的法官数量也在稳步增长。当法官成为权利要求的实际解读者，除了以专业勤勉之心了解相关专利的技术背景知识外，法官对权利要求的确定通常需要依靠申请人、专家证人、技术调查官等对技术方案的阐释，甚至在某些个案中还需借助对技术方案的鉴定来厘清对专利文本的理解。在我国法院的审判组织中，一审专利案件由法官或者法官与陪审员组成合议庭进行案件的审理。随着人民陪审员制度的逐步完善，一些具有相关技术背景知识的专家陪审员进入陪审员队伍，法院在处理相关案件时，可以有选择地由专家陪审员与法官共同组成合议庭。2014 年年末，最高人民法院还适时出台了技术调查官制度，[1]根据案件需要，技术调查官可以参与诉讼活动以协助技术事实的查明。

困难的是，这些仍不足以保证法官对权利要求的解释满足准确理解权利要求的期待。回归专利文书的性质与功能，权利要求书界定专利权利的保护范围，说明书公开技术方案以使公众确信权利人确实拥有其所主张的专利权利，其撰写要求是普通技术人员能够通过阅读说明书实施该项发明。因此，专利法在解释权利要求时与其他法律解释

---

〔1〕 2014 年 12 月，最高人民法院发布《关于知识产权法院技术调查官参与诉讼活动若干问题的暂行规定》；广州知识产权法院于 2015 年 3 月出台了《关于技术调查官参与诉讼活动的暂行办法》《技术调查官选任和管理办法》《技术调查工作规程（试行）》；北京知识产权法院于 2015 年 10 月出台了《技术调查官工作规则（试行）》《技术调查官管理办法（试行）》《技术调查官回避实施细则（试行）》；上海知识产权法院于 2015 年 10 月出台了《技术调查官参与诉讼活动工作规则（试行）》《技术调查官管理办法（试行）》等。

不同之处在于,其拟制了一个特定主体——“本领域普通技术人员”(person having ordinary skill in the art,PHOSITA),并要求法官在解释权利要求时,以该特定主体的视角来审视权利要求文本。值得注意的是,法官要以其他人(并不特定的某领域的一般技术人员)的眼光来审视技术特征,其他部门法的理解中是不存在这种拟制的。对这一主体身份的定位,是以一定时间段的技术知识储备为依托的,即假定他知晓申请日或者优先权日之前发明所属技术领域的所有的普通技术知识,能够获知该领域中所有的现有技术,并且具有应用该日期之前常规实验手段的能力,但他不具有创造能力。[1] 考虑专利的全部公开内容,作出合乎技术常理的解释;解读专利权利要求应抱着乐于理解之心,而非刻意误解之心。[2] 对权利要求解释主体的认知,落脚到本领域一般技术人员的角度,平衡并保证了专利权利行政授权程序与司法确权、侵权程序中对技术特征理解和权利要求解释视角的统一性。

2. 权利要求解释的时机

我国和美国专利法类似,采用被称为外围权利要求的保护制度。在这个制度下,权利要求划出专利权人排他性技术的外边界。专利性和侵权问题也应该集中在权利要求的仔细理解上,而不是在发明的一些更概念化的“核心”、“要点”或者“精髓”。[3] 权利要求什么时候需要进行解释,对此问题,日本曾有学者认为,权利要求的解释以权利要求表述不甚清晰或者无法指向明确唯一含义作为前提。在权利要求的解释问题上,日本遵循相对更加严格的思路,尤其注重对权利要求书公示性作用的强调,大致因其同时有专利订正审判作为配套制度,可以对不清

---

〔1〕 国家知识产权局制定:《专利审查指南2010》(2019年修订),知识产权出版社2020年版,第87页。

〔2〕 欧洲专利局上诉委员会:《欧洲专利局上诉委员会判例法》,北京同达信恒知识产权代理公司译,知识产权出版社2016年版,第260页。

〔3〕 [美]罗杰·谢科特、约翰·托马斯:《专利法原理》,余仲儒组织翻译,知识产权出版社2016年版,第174页。

楚的记载进行解释。[1] 日本最高法院早期在审理"TORIGURISERIDO的检测方法"一案中表达了这样的观点：鉴于设定权利请求范围制度的目的是试图明确发明的技术范围，当权利请求范围和发明的详细说明不一致时，应采用解释论的方法来消除二者之间的不一致。如果产生不一致的责任在申请人时，就不应该将由此造成的不利后果转嫁给与该申请人或专利权人毫无关系的公众。只有在权利请求范围的记载有歧义且不明确时，才允许参酌发明详细说明上的记载。[2] 不过，这是一起行政案件中表达的观点，下级法院在大部分侵权案件中并未采用这一绝对的观点。[3] 在其现行《专利法》第70条中，日本仍然采取了专利发明的技术范围结合说明书及附图来解释权利要求用语含义的基本立场。我国也有学者认为，专利权的保护指涉的是已经获得授权的专利权被侵犯如何处理的问题，准确地说权利要求的解释只存在于专利民事侵权程序中。而在专利实质审查或复审程序中，甚至没有出现过权利要求解释的术语，这是由于在涉及权利要求的审查中，主要是审查权利要求是否得到说明书的支持，故不使用权利要求解释这个提法。[4] 笔者认为，专利授权审查的是技术方案的三性，并且权利要求需要得到

---

〔1〕《日本专利法》第126条规定，"专利权人可以就请求书所附的说明书、权利要求书或者附图的订正请求订正审判。但是，该订正仅限以下述事项为目的：(1)限制权利要求；(2)订正误记或者误译；(3)解释不清楚的记载。从专利无效审判在特许厅审理到生效审判决定的期间内，不得请求订正审判。但是，从对专利无效审判的审判决定提起诉讼之日起90日的期限(案件有在依第181条第1款规定的撤销审判决定的判决或者依该第2款规定的撤销审判决定的情况下，判决或者决定生效后的期限除外)不在此限。第1款规定的说明书、权利要求书或者附图的订正必须在请求书所附的说明书、权利要求书或者附图(在以该款但书第2项记载的事项为目的进行订正的情况下，为请求书所最初所附的说明书、权利要求书或者附图)所记载的事项范围内。第1款规定的说明书、权利要求和附图的订正不得实质上扩大或者变更权利要求。以第1款但书第1项或者第2项记载的事项为目的的订正，其根据订正后的权利要求书记载的事项所确定的发明，必须是在申请专利时可以单独获得专利的发明"。

〔2〕[日]田村善之：《日本知识产权法》(第4版)，周超、李雨峰、李希同译，知识产权出版社2011年版，第214页。

〔3〕闫文军：《专利权的保护范围》(第2版)，法律出版社2018年版，第556页。

〔4〕姚建军：《权利要求的司法解释标准刍议——写在最高人民法院知识产权法庭成立之际》，载《中国专利与商标》2019年第1期。

说明书公开内容的支持,这一过程同样存在对专利文本的解释,只是授权阶段与权利保护阶段的提法差异问题。

欧洲和美国的做法表明,权利要求始终都面临解释的问题,理由是仅仅通过权利要求书文本,准确确定专利所主张的权利范围存在种种障碍。美国联邦索赔法院(Court of Claim)1967 年在美国奥特吉罗公司诉美国案(Autogiro Co. of America v. United States)中一针见血地指出:权利要求从来不会像表面那样看起来是清晰明确的。准确解读权利要求的前提是清楚发明人的技术构思,只有搞清楚了技术思想,才能够确定有多少真实的含义在语言的阴影下被遮挡。因为语言文字的特点,在相当罕见的情况下,权利要求才会是清楚的和没有含糊之处的。[1] 这一观点也符合语境论的观点。在知识的认识路径上,不是简单地探求知识文本的字面含义,而是要将语言文本置于具体的语境下去获取客观的知识。[2] 从这个意义上来说,权利要求并不是权利要求所指的文本,而是文本背后的技术方案,发挥公示作用的应当是专利制度语境下权利要求所表达的技术方案。这一语境包含了专利登记审查制度、专利代理法律制度、本领域技术人员等诸多背景。专利权利要求解读所面对的对象并不是毫无文化涵养和科学常识的人,也不是有关的技术专家,而是该专利所属技术领域的普通技术人员,其理所当然会结合专利的语境资料来解读专利权利要求。

一般认为,认定专利侵权的第一个步骤是专利权利要求的解释。从理论上来说,权利要求的解释是权利要求文本本身出现明确的争议,需要结合内部证据甚至外部证据来厘清权利要求用语的含义,即关于权利要求存在模糊和争议的问题首先应当是清楚、确定的,权利要求解

---

〔1〕 Autogiro Co. of America v. United States, 155 U. S. P. Q. 697 (1967).

〔2〕 王娜:《语境注意知识观:一种新的可能》,载《哲学研究》2010 年第 5 期。

释一般不涉及被控侵权物。但在实际解释过程中,参考被控侵权技术方案的技术要素,针对被控侵权技术方案技术要素的理解,对照完善解释权利要求是民事侵权诉讼中确定专利权利保护范围的实践进路。按此权利要求解释和侵权认定的界限并不总是清晰确定的。在许多案件中,首先看被控侵权物的具体情况,再考虑权利要求解释的问题,不仅是恰当的,而且是必须的。[1] 也就是说,权利要求的解释一般并不必然前置于侵权与否的认定过程,可能在侵权对比前即能确定,也很有可能在后续进行侵权比对时反复被修正。

3.说明书与权利要求书在确定专利保护范围中的功能区分

在折中主义立场下,专利权利要求的确定,基本都遵循以权利要求书的文本为范围,说明书及附图用于解释权利要求的原则。[2] 在这一规范下,仍然遵循诸多具体规则来对权利要求进行适当的解释,主要指涉说明书、附图以及其他内、外部证据在权利要求的解释时的作用。我国法上界定专利保护范围以权利要求书为准,说明书用来限定权利要求部分,在美国法上,其实专利保护范围是以说明书的权利要求部分为准,书面描述部分用来限定权利要求。我国专利法关于权利要求与说明书的关系,1984年《专利法》第59条的表述为"发明或者实用新型专利权的保护范围以权利要求的内容为准,说明书及附图可以用于解释权利要求"。1992年、2000年修改的《专利法》均对此没有修改,2008年修改的《专利法》第59条在措辞上稍有调整,"说明书和附图可以用于

---

〔1〕 Robert C. Kahri, *Patent Claim Construction*, New York, Aspen Publishers, 2003, p. 4-6.

〔2〕《日本专利法》第70条规定,"专利发明的技术范围:专利发明的技术范围必须依请求书所附的权利要求记载的范围而定。在前款情况下,考虑请求书所附的说明书的记载及附图,来解释权利要求所记载的用语的意思。在上述两款中,不考虑请求书所附的摘要的记载"。《德国专利法》第14条规定,"专利或者专利申请的保护范围以权利要求的术语为准,但是说明书和附图可以用于解释权利要求"。《法国知识产权法典》第612-6条规定,"权利要求应当确定求保护的范围。权利要求应当清楚、简要,并且以说明书为依据"。《菲律宾知识产权法典》权利要求的保护范围及其解释75.1规定,"专利权利的范围由权利要求决定,而权利要求应根据说明书和附图进行解释"。

解释权利要求的内容”。有学者指出，说明书和附图在界定权利要求的范围时，说明书和附图发挥非常重要的解释作用，如果将说明书和附图的作用限定为“说明”，是不合适的，应当参照《专利合作条约》第6条的规定，改为“限定权利要求的内容”。[1] 欧洲专利上诉委员会在T237/84（OJ 1987，309）案中指出，甚至是附图也不容忽视：“权利要求中的附图标记的目的是让大家更容易理解权利要求。他们并不限制权利要求的范围，但是确实影响权利要求的清楚性并且能比其他可行的方式更间接地表达权利要求，委员会允许引用附图。”[2]

在专利申请案中，可以有一项权利要求，也可以有多项权利要求，这由发明方案的创造程度和申请人的需要而定。权利要求中至少应当包含一项独立权利要求，它一般是发明和实用新型技术方案所要求的最广保护范围。申请人也可以，并不必须具有从属权利要求。从属权利要求在独立权利要求的基础上产生，在一般情况下，是独立权利要求的进一步细化。因此，在通常情况下，独立权利要求与从属权利要求具有不同的保护范围。在诉讼中，如果被告的行为落入原告的独立权利要求，法院一般无须对其行为是否落入原告的从属权利要求进行审查即可直接判定侵权；但如果被告的行为没有落入原告的独立权利要求，则法院一般还要对被告的行为是否落入从属权利要求进行审查。从撰写技巧上来看，尽管有时发明人的独立权利要求覆盖了从属权利要求，但为了防止独立权利要求被宣告无效，一般还会在申请案中撰写从属权利要求。

在我国专利法上，尽管有权利要求书这一独立的文件，但权利要求的内容并不完全按照权利要求书的字面含义来确定。相反，权利要求

---

〔1〕 尹新天：《专利权的保护》，知识产权出版社2005年版，第266页。

〔2〕 欧洲专利局上诉委员会：《欧洲专利局上诉委员会判例法》，北京同达信恒知识产权代理公司译，知识产权出版社2016年版，第239页。

书必须以说明书为依据来对专利权利要求进行限定。发明和实用新型的权利要求应当描述产品的组分和组分之间的关系,即产品的结构和关系。唯有如此,在确定涉案侵权产品是否构成侵权时,才可以对被控侵权产品进行分析,将被控侵权产品的结构与专利产品的结构进行对比。但是,在某些特殊情况下,特别是电子领域,无法描述其结构和关系,此时,可以通过描述产品的功能或者效果来对发明的范围进行界定,即发明的功能性限定特征。其通常的表述为:“一种电子产品,其功能为……”但是,通过功能性特征限定专利权的保护范围,并不具体,毕竟实现某种功能或者效果的方式很多。如此,就有可能过大保护了专利权的范围,也让其他市场主体处于动辄侵权的状态。因此,在一般情况下,法律并不允许仅使用功能性特征限定专利权的保护范围。只有在无法具体描述产品的结构和关系,而且在描述了实现该功能的具体实施方式时,才许可功能性特征的界定。

权利要求通过技术特征来体现,经常表述为“其特征为……”,在判定专利侵权时,通常的做法是对被控侵权产品进行分解,析出其技术要素,然后对被控侵权产品的技术要素与专利产品的技术特征进行对比,若二者相同或者等同,则构成侵权。但是,从本质上讲,专利权保护的技术方案并不当然具有特征化的特点,它只要清楚准确完整地表述出其技术范围即可。因此,专利权利要求中所谓的技术特征只是为了判定侵权的需要,由当事人按照一定的规则总结出来的,并不确定就是技术方案的全部内容。技术特征对技术方案具有限定作用,对于一个受专利权保护的技术方案而言,技术特征越多,对技术方案的限定越强,该技术方案受到保护的范围越小;技术特征越少,对技术方案的限定越弱,该技术方案受到保护的范围越大。因此,在专利侵权判定过程中,双方当事人对涉案技术方案技术特征的划分经常存在较大分歧。[1] 这也构成了法官的难题。在实践中,一种观点认为,权利要求中记载的产品部件及其部件之间的结构关系就构成了技术方案的技术特征,称为"部件结构说"。这种观点的优点在于操作便利,只要梳理权利要求中描述的部件即可。另一种观点认为,技术方案中的具体部件及其关系并不一定能够独立执行一定的功能并产生独立的效果,因此将技术特征解释为具有独立功能且能对整体技术方案产生技术影响的技术单位或者技术单位集合,[2] 可称为"部件功能效果说"。本书认为,如果将技术方案中所有的部件结构都解释为技术特征,可能会缩小专利权的保护范围,这也与等同原则所要求的"以基本相同的方式实现基本相同的功能达到基本相同的效果"不匹配。因此,第二种观点更具可行性。北京市高级人民法院在审理专利案件中采纳的也是第二种观点。

专利权保护的技术方案通过权利要求表现出来,具体体现为独立权利要求和从属权利要求,权利要求通过描述产品的组成及结构并进一步区划为技术特征受到保护。因此,如何确定技术方案的技术特征对专利权的保护至关重要。我国《专利法》第 26 条第 4 款规定,权利要求书是确定专利保护范围的基本文件;第 26 条第 3 款规定,说明书应对发明或者实用新型进行清楚完整的说明,以所属技术领域的技术人员能够实现为准,必要的时候应当有附图。按此,专利权的保护范围应当以权利要求书的内容为准,它具体划定权利要求的范围;说明书及附图是对技术方案的详细说明,其目的是让所属技术领域的技术人员能够实现。权利要求书的目的是确定专利权人的垄断范围,依此专利权人可以排除他人对该技术方案的使用;说明书及附图的目的是对技术方

〔1〕 北京市高级人民法院(2005)高民终字第 01262 号民事判决书。

〔2〕 周秀元:《如何对技术方案进行特征区划》,载程永顺编:《专利侵权判定实务》,法律出版社 2002 年版,第 121 页。

案充分公开，它要求所属领域的技术人员按照说明书记载的内容，就能够实现该发明或者实用新型的技术方案，解决技术问题，并产生预期的技术效果。[1] 权利要求书和说明书之间的关系可以概括为通过说明书的充分公开换取权利要求书中意欲得到的保护。在专利审查实践中，如果因为说明书对涉案技术方案公开不充分，就有可能导致一个具有授权可能的申请被驳回。[2]

由此可见，说明书与权利要求书之间并不是孤立的，二者存在相互影响的关系。专利法要求权利要求书应当以说明书为依据，这意味着：第一，权利要求书记载的需要受到保护的技术方案，必须在说明书中得到充分的公开，如果说明书中公开不充分，在专利审查阶段就有可能被驳回，更遑论获得专利权的保护；第二，权利要求书中没有记载的技术方案，由于没有获得保护的可能，就无须在说明书进行充分公开。[3] 实践中，优秀的专利申请书，总是在说明书中尽可能多地公开技术方案的实施例，然后在权利要求书中概括出实施例的上位概念或进行中位概括，通过独立权利要求与从属权利要求布局范围适当、层次分明的权利要求，由此对技术方案给予充分的保护。而在解释权利要求书时，不能遵循相反的路径，将仅仅记载在说明书中某一实施例的具体技术特征，作为限制专利权利范围的依据。

### 三、等同原则对专利权利保护范围的影响

专利被认为是保护技术发明的主要知识产权类型，因为它们提供

---

〔1〕 中华人民共和国国家知识产权局：《专利审查指南》(2010)，知识产权出版社 2010 年版，第 132 页。

〔2〕 吴瑶、梁静静、王梦思：《浅谈对判断公开不充分的一点认识》，载《中华全国专利代理人协会年会第五届知识产权论坛论文》，2014 年。

〔3〕 徐盛辉、李瑞梅、蔡婷婷：《捐献原则视角下公开不充分的法律适用问题》，载《专利代理》2017 年第 1 期。

了最强的法律确定性,[1]专利制度也被视为激励创新的重要制度设计。然而,面对高额的许可费用以及投机心理,竞争者往往也利用专利制度的漏洞。如竞争者对本领域技术状况、他人专利权利文本、审查资料等内容进行充分评估后,针对某一有价值的专利进行有目的性的迂回设计或者简易的模仿和改动,研发出具有相似竞争性的替代性发明。若按照全面覆盖原则,竞争者的这种行为不构成侵权。但是专利法若对此不予规制,显然对专利权人不利。此时,判定专利侵权的等同原则应运而生。

(一)等同原则确保专利保护范围的妥当性

判定专利侵权遵循技术特征的全覆盖原则,即被诉侵权产品或方法的技术要素与专利权利的技术特征一一比对,若均一一落入了专利权利技术特征的范围则可判定侵权成立。推动等同原则的根本力量是侵权人对技术特征迂回设计的专利欺诈行为,例如,被控技术方案对发明方案的细微变动和简单替代等。等同原则克服了字面侵权的局限,防止那些简单替换技术方案的行为逃避法律制裁。该原则是美国司法过程中的创造。[2] 一般认为,等同原则源于1854年温纳斯(Winans)案,[3]后续经由联邦最高法院1950年在格雷弗储罐公司(Graver Tank)案中确立下来:“若一装置以实质相同手段,发挥实质相同功能,达到实质相同结果,专利权人可基于等同原则,对制造商主张侵权。”[4]由此初步形成了专利法侵权判定中重要的等同原则。美国司法实践中对等同原则的具体适用还发展出非重大差异测试法(Insubstantial Difference

[1] [德]弗兰克·泰特兹:《技术市场交易:拍卖、中介与创新》,钱京、冯晓玲译,知识产权出版社2016年版,第81页。

[2] Michael J. Maurer & Craig Allen Nard, Invention, Refinement and Patent Claim Scope: A New Perspective on the Doctrine of Equivalents, 93 GEO. L. J. 1957, 1979 - 1980(2005).

[3] Ross Winans v. Adam, Edward, and Talbot Denmead, 56 U. S. 605(1950).

[4] Graver Tank& Mfg. Co. v. Linde Air Products Co., 339 U. S. 605, 608.

Test)、四部测试法(Quadripartite Test)等诸多理论。有学者曾经指出,或许在专利法领域,找不到比等同理论更具争议性的理论了。

尽管如此,等同原则在美国的司法实践中保持了旺盛的生命力,并为许多国家和地区借鉴采纳。[1] 在日本,认定专利侵权的标准范式,也是被控侵权产品或方法满足专利权利要求在通常用语含义下的所有技术特征,被称为文言侵权。"均等论"是日本专利法中对等同原则的称谓,它在日本也是司法裁判形成的规则。日本司法实务中在1998年由最高裁判所以平成十年(1998年)2月24日第三小法庭的"球形齿轮轴承"一案的判决首次确定等同原则的适用,并进而提出了日本等同原则适用的五大要件:一是非本质特征部分;二是置换的可能性;三是置换的容易性;四是非申请前的公知技术;五是在发明申请阶段没有有意地要求从权利要求书中去除该部分内容。[2] 最后一项,基本包含了禁止反悔原则所涉的基本含义。不可避免地把专利权利的保护范围扩大到权利要求书字面含义以外的产品或方法的技术特征上,是司法实践中专利权保护的重要路径。

就内涵而言,等同原则指向的是那些超出权利要求字面解释范围的产品或方法,具体是指被控侵权技术方案与权利要求书记载的字面方案并不相同,但法律认为该方案实际上等同于权利要求书面所记载的技术方案,因此仍然侵犯专利权。美国法院在适用等同原则时,除了适用功能、方式、结果(F/W/R)三段式检验标准外,考虑具体个案的衡平(equity)是常态。劳立(Lourie)法官认为,等同原则只有在具体案件

---

〔1〕《关于〈欧洲专利公约〉第69条解释的议定书》第2条规定,"等同物,为了确定欧洲专利所授予的保护范围的目的,与权利要求中某一构成部分等同的任何构成部分,应当给予适当的考虑"。《菲律宾知识产权法典》权利要求的保护范围及其解释75.2规定,"为确定专利保护范围,应当正确考虑与权利要求中描述的特征相等同的特征,因此,权利要求应当被认为不仅包含全部特征,还包含其等同特征"。

〔2〕[日]曾井和夫、田村善之:《日本专利案例指南》,李扬等译,李扬、许晴校,知识产权出版社2016年版,第161页。

的衡平得以顾全下方可适用。[1] 雷德(Rader)法官认为,将等同原则限制在衡平法上适当角色中,有助于确定专利范围的明确性。[2] 我国专利法司法解释借鉴这一规则,确立了从手段、功能、效果三个方面进行基本相同的判断,同时要求满足相应替换系无须"创造性劳动"就能联想到这一要素,即可成立等同侵权。等同原则的一个好处在于警告潜在侵权人,太靠近专利周边技术研发生产有可能引发专利侵权诉讼,所以在生产前应当做好专利检索与研究工作,有助于促进行业重视专利工作。等同原则的适用对专利权人的保护不仅是在侵权程序中可以将满足等同条件的方案纳入权利保护范围,其对专利制度的影响还在于对专利申请程序,专利申请人能够节约在描述专利文本上的成本。如果缺少等同原则,专利申请人就必须花大力气对其所试图保护的发明方案进行专利语言的描述。问题在于,这一目标有时难以实现。除了经济、公平因素之外,等同原则同时还起到重要的语言"安全阀"作用,司法上对等同原则的承认反映出文字并不总是传递发明创造构思的最佳媒介。很多发明创造的最佳表现形式是客观的模型、机械绘图、分子模型或其他非语言类介质。尤其是涉及最先进技术的"开创型"发明创造时,可能还不存在被认可的、发展成熟的相关词汇,对于专利权人来说等同原则就是传达其发明创造的完全利益的重要工具。[3] 由于语言的局限性、专利撰写技术的限制、发明人和专利代理人及专利审查机关对技术方案理解的不同等,均是权利要求书文本难以精准地反映发明技术方案的重要因素。等同原则的适用,可以从结果上超越上述客观障碍,从而达到保护权利人全部创造性技术贡献的目的。

---

〔1〕 London v. Carson Pirie Scott & Co. ,946 F. 2d 1534(Fed. Cir. 1991).

〔2〕 Charles Greiner & Co. v. Mari-Med Mfg. ,Inc. ,962 F. 2d 1031(Fed. Cir. 1992).

〔3〕 [美]J. M. 穆勒:《专利法》(第3版),沈超等译,知识产权出版社2013年版,第8页。

### （二）捐献原则的兴起：限制等同原则的必要性

等同原则克服了全面覆盖原则的局限，它防止潜在侵权人利用全面覆盖原则而对发明技术方案进行简单的替换。这样，专利权人利用等同原则可以获得充分的保护。但是，等同原则也带来了一个致命的问题。在确定专利权的保护范围时，权利要求书发挥了重要的作用，说明书对权利要求书起限定作用。按此，没有在权利要求中的技术特征是无法得到保护的，而等同原则恰恰超越了这一范围。因此，等同原则破坏了专利的公开性，后者为其他市场主体提供了行为预期。对于社会公众而言，为公平保护发明人的实质贡献而过于忽略专利权利要求的文本内容，必然破坏了专利权作为绝对权的确定性，让义务人无法知晓权利的边界。

因此，在专利制度设计上，还必须对等同原则进行适当的规范，防止它走得过远。在专利制度的历史上，曾不乏这样的案例，申请人在申请专利阶段为获得专利授权，尽量把权利要求的范围写得很小，在授权后的维权阶段，又试图通过等同原则，把那些没有写在权利要求中的技术特征纳入保护范围。专利法显然不能容忍这种出尔反尔的行径，于是一系列限制等同原则防止其扩大的制度设计应运而生，如禁止整体等同、现有技术抗辩、禁止反悔原则等。其中，捐献原则就是其中的一项重要内容。

作为限制等同原则的一项制度设计，捐献原则关注的是权利要求书和说明书的关系。其内容为，在说明书中公开但没有记载在权利要求书中的技术方案，不能作为专利权人适用等同原则的范围，不能置于被保护的状态，应当视为捐献给了公众。

## 小　结

专利权保护范围的确定既是专利保护的起点，同时也是专利保护的过程和终点。专利制度并非仅仅依靠制裁侵权行为来实现其目的，更为重要的是要树立尊重他人知识产权的良好社会风尚。对权利要求的解释方式不应使公众无法以合理的确定性预测权利要求的保护范围。现代专利制度所形成的专利保护范围以权利要求为准，说明书和附图可以用于解释权利要求这一规则具有适用的普遍性。囿于通过书面文件描述客观技术方案所存在的诸多主客观的局限性，侵权判定中的等同原则成为权利人的"安全阀"。过度适用等同原则尽管保护了专利权人，却妨碍了专利权为社会大众提供的预期，破坏了专利权作为绝对权的公示性。因此，各国专利法在吸收纳入等同原则的基础上，又发展出各种限制等同原则的制度设计。其中，捐献原则就是一项非常重要的制度。

# 第二章 捐献原则的历史演进

捐献原则反映了权利要求书和说明书的关系，在一定程度上构成了对等同原则的限制。它是由美国联邦最高法院于19世纪晚期在司法程序中创设的一项衡平法律原则，也被称为“公开——捐献原则”。该原则最初是美国联邦最高法院在关于再颁专利的案例中创设的，随着时间的推移，美国联邦最高法院和联邦巡回上诉法院的若干个重要案例对这一法律原则的理解和适用进行了不同角度的阐述，而后逐步被接受为限制等同原则的一项专利法律原则。作为衡平法的一项原则，虽然捐献原则肇始于美国司法实践并历经迂回与反复，在具体适用上亦仍有诸多悬而未决的问题有待深入探讨，但仍然影响了包括中国在内的诸多其他国家专利制度的架构。本章拟以美国司法实践中捐献原则所涉及的代表性判例为蓝本，梳理捐献原则产生、发展的背景与脉络。

## 一、再颁专利制度下捐献原则的兴起

### （一）捐献原则对再颁专利的最初限制：米勒案

在爱德华－米勒公司诉布里奇波特黄铜公司案

(Edward Miller & Co. v. Bridgeport Brass Co.)中,[1]米勒的原初专利是一种"没有烟囱的双穹顶"灯具,该发明的主要技术特征表现为一种使用双穹顶代替灯具的烟囱。获得专利授权多年后,米勒发现"双穹顶"的设计并没有达到发明的效果,其在专利文件中提到的另一种"带烟囱的单个穹顶"方案才是起到发明期望效果的技术方案,但米勒并未对该技术方案主张权利要求。米勒通过专利的再申请程序,获得了一项涵盖"单穹顶烟囱"设计的新专利(reissue patent)。发生侵权纠纷后,法院需判断原专利通过专利再申请程序获得的专利是否有效。

法院审理此案时提出了一项原则:对一个专利中特定技术方案主张了权利,但未对说明书中公开的其他技术方案提出权利要求,这些未提出权利要求的技术方案,依法应当被认定为是一种对公共领域的捐献。同时,美国联邦最高法院也指出该原则并非一项绝对性的规则,专利权利人可以通过专利的再申请程序来主张更为宽泛的专利权利范围,以此规避对公共领域的捐献。法院指出,权利人可以首先声明放弃原有的专利,并证明是由于疏忽、意外或错误,而非任何欺诈或欺骗性的意图导致原专利权利要求中遗漏了本该主张的一些权利范围,才可规避对公共领域的捐献。法院认为,"扩大权利要求的再颁发专利应当是例外而不是一项原则","新的发明改进是无穷的,如果不考虑时间的流逝,是对公众最大的不公正,也是法律所不允许的。谁在权利上沉睡,就只好失去他们。"米勒提起再颁专利的时间是原初专利授权后的第15年,法院认为这段时间的迟延完全不合理,其以扩大专利权保护范围的重发专利请求不合法。法院认为,如果再颁申请是在原初专利授权之后两年内提出(在那时申请前宽限期为两年),则可以允许用来扩大权利要求的保护范围,尽管那时的法律并没有明文规定。如果仍

[1] Edward Miller & Co. v. Bridgeport Brass Co. 104 U.S. 350,351(1881).

然允许再颁就会引起不公正的后果:"这样的延迟以及对一件具有更宽泛更全面权利要求的新专利的授权,对每一位独立发明人、每一位技术人员、每一位公民都将产生影响。在不合理的延迟之后,为带有这样目的的再颁申请授权,显然是对再颁权力的滥用,可以公正地说,这样做是不合法且无效力的。"[1]

在该案中,法院首次提到了技术方案的捐献问题。法院认为,捐献原则尊重了美国专利商标局专利授权行政程序的公示性效力,避免在司法程序中对专利保护范围的随意扩大。该案实际上是对美国专利商标局再颁专利制度的一种检讨。此时,在美国的成文法上并没有关于专利权人在获得原初专利后,又去申请再颁专利的时间限制。

(二)捐献原则对再颁专利限制的发展:马恩案

美国联邦最高法院3年后在马恩诉哈伍德案(Mahn v. Harwood.)[2]中重申了捐献原则。该案的专利是关于棒球和其他类似物品的皮革覆盖物,说明书中记载了该棒球的皮革覆盖物由两个半球部分组成,每一部分都是在潮湿状态下模制成型,干燥后缝合在一起。通过一个特殊的双重(nerring_bone)针脚,在第二个封面以完全相同的方式制成并缝到在第一个盖子的外面,以这样的方式,两个盖子的针脚可以以直角相交。其原初专利中主张的权利要求仅为两项,权利人4年后申请再颁专利时将权利要求扩大为四项。

当时,美国并没有确定的规则,为权利人纠正过窄的权利要求的救济措施设置时间限制。法院认为,两年的时间大致公平,但这也只是一种建议。法院同时进一步强调,除非有特殊的情形,超过两年的延迟应当推定为不合理。公众会合理地推定未主张的内容属于公共财产,而

〔1〕 Edward Miller & Co. v. Bridgeport Brass Co. 104 U. S. 355(1881).
〔2〕 Mahn v. Harwood, 112 U. S. 354(1884).

权利人长期的延迟也可能默许这种推定。对于权利人没有主张权利的部分,就应当视为捐献给了公众。法院同时从涉案专利技术的性质及专利文件的撰写角度阐释了其认为4年的期间不合理的判决理由,原初专利的权利要求清晰而明确,书面描述的内容清楚且没有任何的模糊,也没有其他理由阻止权利人及时发现和审视是否完整地保护了他的发明方案。法院认为该案与米勒案确定的捐献原则完全一致,应当适用捐献原则以防止专利权人通过对书面描述中公开而权利要求书中未主张的内容主张权利以扩大其专利权的保护范围。法院进一步论述到,"通常认为,没有主张的权利要求并不属于权利人所有,其发明产生前被公知或已被使用。无论是否如此,权利人的行为都使得该部分成为公共财产"。[1] 少数意见则认为,按照多数意见的逻辑,不同的法庭会影响再颁的效力,可能同一项专利的权利人在某一侵权诉讼中举示的延迟的合理理由得到相关法庭的采信从而认可再颁的合法性,而同样的情形在另一法庭涉诉则未被认可,但法庭的这项权力是没有法律基础的。而且发明人的错误只有在被发现时才能被纠正,发现错误的期间是多久永远都是一个证据问题并且与各种各样的因素相关。

法院并未对在再颁专利之外如何适用捐献原则提供更多的指引,如同米勒案一样,马恩案同样是在讨论扩大型再颁专利问题时提及捐献原则。上述案例对美国专利法发展的直接影响在于,1952年《美国专利法》明确允许通过再颁专利程序扩大专利权利要求的范围,但是给予了两年的严格限制期限并规定了介入权。

## 二、等同原则语境下捐献原则适用的演进

马恩案之后,捐献原则没有被限制在约束扩大型再颁专利的效力

---

〔1〕 Mahn v. Harwood, 112 U. S. 356(1884).

问题上,而是作为专利侵权判定中的等同原则适用的限制性手段之一。

(一)美国联邦最高法院司法实践

1. 否定捐献原则

格雷弗储罐公司案是美国联邦最高法院作出的不同于前述判例的案例。[1] 该案的权利要求涉及的是一种焊剂的电焊组合物,当把焊剂涂在待焊接的物体表面时,该焊剂有助于融化两种物质,所要求保护的助焊剂是由氟化钙和碱土金属硅酸盐(alkaline earth metal silicates)组合而成的混合物。该混合物实际是含有钙和镁的硅酸盐,这是两种碱土金属的硅酸盐。被指控的溶剂是包含钙和锰的硅酸盐(manganese silicate)组合物,而锰不是一种碱土金属硅酸盐。在其他方面,这两种组合物是相同的,应用这些助焊剂的机械方法类似,作用以及所产生的焊接类型和质量都相同。问题的关键在于锰是否与用于焊接技术中的碱土金属等同。与该问题有关的其他事实是,专利权人在市场上销售的焊剂组合物由钙和镁的硅酸盐组成。另一个事实是,相关现有技术都将锰作为一种焊接组合物。法院认为尽管锰的硅酸盐并不是字面意义上的碱土金属硅酸盐,但二者是等同的。格雷弗储罐公司案确认了等同原则著名的三要素规则:被控化合物"使用实质相同的方式,实现了与专利产品实质相同的功能并获得相同的效果";"为了避免字面侵权而进行的改变是无效的"。[2] 法院认为,"很难想出一个适用等同原则的更恰当的例子",法院的多数意见未适用甚至未考虑捐献问题。一般认为,该案是美国最高法院对捐献原则持否定性态度的案例。

值得注意的是,布莱克法官和道格达斯法官在异议意见中第一次提出捐献原则应当作为等同原则的限制,权利要求没有特别主张的内

〔1〕 Graver Tank & Mfg. Co. v. Lide Air Products. Co. ,339 U. S. 605(1950).

〔2〕 339U. S. 605,70 S. Ct. 854,94 L. Ed. 1097(1950).

容被捐献给公众,就像我们经常重申的那样,权利要求的功能是将所有没有特别主张的内容排除出专利垄断权范围,即使它可能出现在说明书中。对再颁专利的适用还伴有一项警告,即"为扩张范围的权利要求重新颁发专利应该是例外,而不是一般原则"。[1] 国会很仔细地设置了条件以限制再颁这一权利的负面影响,国会还将判断扩张权利要求是否具有正当性的初始职责交给专利局而不是法院,并且禁止将扩张以后的内容作为基础追溯侵权行为。在该案中,申请人的疏忽行为没有任何合理的理由,在先的过期专利中对锰的类似使用也可能令公众认为,申请人是有意将它从有效权利要求中删除,担心它涵盖在内会导致其专利被驳回或之后被宣告无效。基于米勒案的结论,专利权人已经将锰的硅酸盐捐献给了公众,因为硅酸锰已经在说明书中公开作为一种可能的替代物且未在权利要求中主张。适当的补救措施应当是通过再颁程序扩大专利权的保护范围,再颁程序给予专利权人足够的保护以避免随意适用等同原则。另外,为了平衡专利权人和他们的竞争者之间的利益,专利法为扩大范围的再颁程序设置了2年的期限限定和第三人的介入权的约束。异议意见同时还指出,司法部门通过等同原则裁决侵权的想法将无视上述合理的预防措施,最终也会削弱再颁制度的作用。

2.肯定捐献原则

格雷汉姆(Graham)案是美国联邦最高法院确立捐献原则的一个重要判例。[2] 本案专利涉及一种"用于振动柄犁的夹具",是关于一种犁柄的减震系统,涉及弹簧夹子的应用。该发明是一种古老的机械元素的组合,其允许犁柄在碰到土壤中的障碍物时向上推动,并且当障碍物

[1] 339U. S. 605, 70 S. Ct. 854, 94 L. Ed. 1099(1950).

[2] William T. Graham v. John Deere Company of Kansas City, 383 U. S. 1 (1966).

通过时将胫骨杆弹回到正常位置,可以在犁地时从犁地中吸收冲击,从而防止犁的损伤。该专利所要求保护的犁柄和现有技术犁柄(在这个案例中,该现有技术公开于格雷汉姆自己较早的811号专利中)之间可辨别的差异包括,将铰链板从犁柄的下方移到其上方,给犁柄提供更大的弯曲能力。1955年,第五巡回上诉法院依据"当一种组合通过更经济更有利的方式实现了已有的效果具有可专利性"的规则确认了该专利有效,但在1964年,第八巡回上诉法院认为涉案专利无效。[1] 最终,美国联邦最高法院认为,最高法院在1850年就将司法程序确定的非显而易见性写入专利法,该发明因不具有非显而易见性而不具有可专利性,并认定涉案专利无效。

该案实际上是关于《美国专利法》第103条非显而易见专利性标准的代表案例,美国联邦最高法院在该案关于现有技术部分的论述中再次提及捐献原则。法院认为,在该案进行对比的一项现有技术文献中,利文斯通在没有使用垫圈的情况下在螺纹上方进行了密封,其设计旨在主张保护倾倒的喷口而未保护密封件。当专利申请人利文斯通根据专利审查员的要求限制了其权利要求,并且在其精心撰写的权利要求中体现了这种限制意见,专利权人不能在之后再主张扩大其权利要求的范围,这部分内容被捐献给了公众。当然,这一论证也隐含了禁止反悔法原则的逻辑。在该案的脚注当中法院指出,"虽然在专利中没有具体要求保护密封件,但在书面描述及图表规格中已公开。根据长期以来的法律原则,该公开的密封件成为公共财产"。到那时为止,该案是美国最高法院最后一次明确提到捐献原则、引用并认同这一原则。

---

〔1〕 William T. Graham v. John Deere Company of Kansas City, 383 U.S. 4 (1966).

(二)美国联邦巡回上诉法院司法实践

1. 初步肯定捐献原则

(1)优加观念公司诉布朗案(Unique Concepts, Inc. v. Brown.)

优加观念公司在该案中的专利涉及“用于将织物附着到墙壁上的边框部件组合”,该专利权利要求书仅要求保护单一的直线边框部件,但书面描述中提及了“通过斜切彼此成直角的一对短直线边框部件的端部,而制成的直角拐角边框部件”,却未对此提出权利要求。被控侵权人通过斜切直线边框部件而不是预先成型的直角拐角边框部件来构成拐角。地区法院认为,无论是适用字面侵权原则还是等同侵权原则,被控侵权人使用的斜切直角边框形成的拐角均未侵犯优加观念公司的专利权。联邦巡回上诉法院认可了地区法院的意见,美国专利法要求发明人需特别指出并明确要求对其发明的特定技术特征进行保护,发明人没有在权利要求书中明确声明权利范围包括直角拐角边框部件。如果放任这种行为将鼓励申请人通过提交保护范围较窄的权利要求来逃避专利局的审查,在得到授权后,又根据说明书中公开的其他方案的描述要求更宽的专利保护范围。该案中专利权人公开了直线斜切边框可作为直角拐角边框的等同替换方案,但并未在其专利申请中要求保护这一等同替换,则该替换方案被视为捐献给公众了。[1]

捐献原则意在把那些公开但没有写进权利要求的方案捐献给公众,它不是专利权人的排他范围。而等同原则在相反的方向运行,如果进行广义解释,它意在赋予专利权人排除竞争者生产与其权利要求主张的方案等同的方案,而无论这种等同方案是否在书面描述中被公开。美国联邦最高法院并没有明确,专利权人是否按照等同原则制止他人实施那种公开但没有在权利要求主张的方案。亦即等同原则是否包括

[1] Unique Concepts, Inc. v. Brown, 939 F. 2d 1558, 1562 - 1563 (Fed. Cir. 1991).

公开但不在权利要求中的等同物这一点并不清楚。如果包括，显然构成侵权；如果不包括，则是合法行为。

(2)国际视觉公司诉皇冠金属制造公司案(International Visual Corporation v. Crown Metal Manufacturing Co. Inc.)

涉案专利是关于“磁保护显示装置”的发明。1989 年 8 月 10 日，IVC 就皇冠公司的卡具(GRIPPER)装置侵犯其权利要求 1 – 3 及 6 – 10 提起诉讼，皇冠金属制造公司针对此提起不侵权的反诉，并认为涉案专利不具实用性因而无效。IVC 随后要求就侵权事宜进行简易判决，皇冠公司要求就专利因不具有实用性而无效作出简易判决，而未要求对不侵权事项进行简易判决。地区法院否决了 IVC 的申请，法院认为，无论是按照字面侵权还是基于等同原则，卡具装置没有侵犯权利要求 1 和 10。联邦巡回上诉法院认为地区法院对于权利要求的理解存在错误，撤销了地区法院的判决并发回重审。联邦巡回上诉法院指出，涉案专利的书面描述中描述了塑料外壳作为发明的一项优选方案，皇冠公司在口头辩论中认可权利要求不限于塑料外壳，地区法院将注意力放在 IVC 的专利产品抱爪(HUGGER)中包含塑料外壳上是错误的，因为侵权比对的基础在于权利要求而非专利人基于发明进行商业生产的产品。基于地区法院对权利要求的错误理解，其对字面侵权的结论应当重新审视。在关于是否构成等同侵权的问题上，法院运用了“假想权利要求”的分析路径，假想权利要求分析是评估现有技术是否限制了等同原则适用的一条选择性路径。这一方法要求法院想象出一项假想的权利要求，通过扩大一项已授权权利要求的范围以从字面含义上覆盖被控侵权设备，以此确定这一假想的权利要求是否超越了现有技术而具有可专利性。根据对字面侵权的新分析，如果存在侵权，则不用适用等同原则。

该案值得关注的是劳里(Lourie)法官在协同意见书中进一步对等

同原则阐述的意见。劳里(Lourie)法官指出,联邦最高法院在格雷弗储罐公司案中提供了目前关于等同原则的适用框架,即通过阻止不道德的抄袭者在专利申请中作出不重要的或非实质性的变更和替换(虽然没有增加任何内容,却足以使仿制品超出原专利的权利要求,从而超出法律保护的范围)来避免专利欺诈。不幸的是,等同原则的三步测试法已经变成了一个机械的公式,它也被适用于非故意侵权且并不适宜适用等同原则的情形。等同原则对给予发明适当的保护范围具有一定的合理性,但该原则仍有其局限性,"法院必须确保等同原则实现其预期目的,而不是简单地成为一种将权利要求范围扩大至超出授权所确定的范围的机械手段"。[1] 从总体上来说,等同原则应当是例外,而不是原则。如果等同原则成为"仅仅是每次侵权指控的第二条进路,经常用于使法律保护范围超出专利权利要求的范围,权利要求将无法实现其预期目的"。

劳里(Lourie)法官同时强调了专利公示功能的重要性。公众对专利权利要求的信赖至关重要,其与书面描述和申请历史共同指示了"所主张发明的边界和范围"。等同原则与权利要求界定发明的范围是相反的运行路径,权利要求不再是足以告知公众发明范围的东西,这将导致司法的不确定与不公正。事实上格雷弗储罐公司案也并不是说只要满足三要素规则即构成等同侵权,法院认为"等同并不是公式的奴隶,亦不能在真空中审视"。[2] 不同的发明,其保护范围和力度并不相同,应当根据发明的贡献度来确定其保护范围和力度,开拓性发明的保护范围显然应当大于一般性的发明。就保护范围而言,专利申请人不能在专利的说明书中进行广泛的技术公开,提出狭义的权利要求,而在被

〔1〕 International Visual Corporation v. Crown Metal Manufacturing Co. Inc. 991 F. 2d at 774 (Fed. Cir. 1993).

〔2〕 339 U. S. 609 (1993).

授予这些狭义的权利要求之后，又通过等同原则来寻求扩展保护范围至其所公开但未经审查的内容。[1]

2. 捐献原则的基本确定

麦克斯韦诉杰贝克公司案(Maxwell v. J. Baker,Inc.)

该案确认了在说明书公开但未在专利权利要求中主张的技术方案即是捐献给了公众，以后不能通过等同原则在侵权诉讼中再据为己有。该案涉及的专利是一种“连接一双鞋子的方法”。塔吉特百货公司(Target)零售店员工马克斯威尔发明了一种连接没有孔眼的鞋子的方法：“沿着每只鞋子的内侧固定凸片，并用穿过每个凸片的丝线将鞋子连接。”该专利说明书公开了两个实施例，但是只对其中一项实施例所涉技术方案主张了权利要求。被控侵权人 J. 巴克尔使用三种不同的“连接方法”连接鞋子，其中一个方法是“在袜子衬里”。马克斯威尔声称 J. 巴克尔的这个连接方法侵犯其专利权。J. 巴克尔回应称，其还设计了两个连接方法，即“对口袋”版本和“顶线”，与马克斯威尔在专利中公开但未主张权利要求的替代方法(以下称为替代方法)相同。法院裁定这三个方法都侵犯了马克斯威尔的专利。联邦巡回上诉法院推翻了认定替代方法构成等同侵权的判决。[2]

联邦巡回上诉法院一致意见认为，按照等同原则，使用替代方法没有构成侵权，因为马克斯威尔的专利虽然公开了相同的替代方法，但没有对其主张权利，因此根据捐献原则，替代方法进入公共领域。法院重申了一项既定的规则，即“在专利说明书中公开但未要求保护的内容是捐献给公众”。法院同时指出，捐献原则既适用于字面侵权，也适用于等同侵权。法院指出了该案与格雷弗储罐公司案的区别在于，格雷弗

〔1〕 991 F.2d 774,775 (Fed. Cir. 1993).

〔2〕 Maxwell v. J. Baker,Inc. 86 F.3d 1098 (Fed. Cir. 1996).

储罐公司案中的专利权人最初主张了对所争议的主题的保护,随后所争议了主题被无效了,因此并不存在捐献问题。法院判决提到,捐献原则阻止专利权人对公开但没有要求保护的方案主张权利,无论这种方案是文字上的,还是按照等同原则确立的。法院担心专利权人瞒天过海,为了获得专利权过窄地主张权利,在授权后又扩大权利范围。只有精确的权利要求语言才能让社会大众知晓专利的保护范围。如果准许一个申请人向美国专利商标局(USPTO)获得了较窄的权利要求范围,然后又准许其对说明书中描述的未要求保护的内容主张更宽的保护范围,申请人就剥夺了 USPTO 考虑这些主题是否具有可授权性的机会,也破坏了专利权利要求对其财产权范围进行限定的基本原则。

3. 捐献原则再次被否定

(1) 华纳 – 詹金森公司诉希尔顿戴维斯化学公司案(Warner-Jenkinson Co. v. Hilton Davis Chemical Co.)

该案专利权人希尔顿·戴维斯(Hilton Davis)和被诉侵权人华纳 – 詹金森(Warner-Jenkinson)都制造染料。涉诉专利要求保护一种通过多孔膜过滤染料去除杂质的方法。正如最初提交给 USPTO 的那样,权利要求并没有明示进行超滤过程所需的 pH。后来在审查过程中,为了区别一项现有技术专利的"在 9.0 以上的 pH 下进行"的特征,希尔顿·戴维斯加上了限定"pH 大约为 6.0 到 9.0"。被诉侵权方法是在 pH 为 5.0 以下进行的,陪审团根据等同原则认定侵权成立。专利权人最初递交的专利申请权利要求中并没有对所要求保护的染料提纯操作方法中的 pH 范围进行限定,USPTO 的审查员引用了一篇现有技术对比文件公开了在 pH 大于 9.0 的环境下操作的类似方法。在答复审查意见时,申请人将权利要求修改为所要求保护的方法的 pH 参数落在"大致 6.0 ~ 9.0"。尽管确定 pH 的上限的理由是很明显的(与所引用的现有技术相区分),但申请历史记录并没有写明为何将 pH6.0 作为 pH 的下限。由于申请历史记录没有解释上述对权利要求进行限缩修改的原因,法院针对权利要求的这一项特征适用了禁止反悔推定。[1]

联邦巡回上诉法院采用了全席审理,维持了地区法院的判决。美国联邦最高法院颁发调卷令提审本案,并对等同原则进行了彻底的复核。在该案中,法院在讨论什么样的对象可以满足等同物时,提出了等同原则保护的三个范围,它们相当于三个同心圆,每个都比之前的范围要大。最小的范围由被控侵权人主张,它认为其范围仅包括专利本身公开的对象。法院认为这一解释过于严厉,不予采纳。中等圆包括专利授权公告时与其等同的所有对象,无论其是否被公开。法院评述说,即使如此界定保护范围,对专利保护的影响也太大。最大的圆包括专利发布时与其等同的所有方案,无论是否被公开,而且包括后来形成的与专利授权时等同的方案。美国联邦最高法院认为,专利权人可以主张最大圈的权利范围。按此,捐献原则就没有适用的余地。

美国联邦最高法院在华纳-詹金森案件中提供了关于现代等同原则问题的全部特征讨论,并讨论了对于在记录空白(silent record)或原因不明的情况下,即申请历史无法显示对权利要求作出修改的原因的情况下,根据公平的要求,专利权人要承担修改理由的举证责任。美国联邦最高法院提出"不同的语言框架可能适合不同的案件,这取决于他们特定的事实"。[2] 基于与可专利性相关的实质原因(a substantial reason to patentability),对权利要求的修改将导致适用禁止反悔原则,但是判决并未阐明"与可专利性相关的实质原因"的具体含义。如果专利权人不能举证证明其修改的原因,或者其举证不能成立,法官将推定其对包括通过修改加入的限定技术特征的真实原因是与可专利性相关,

〔1〕 Warner-Jenkinson Co. v. Hilton Davis Chemical Co. 520 U. S. 17,37 (1997).

〔2〕 520. U. S. 17,117 S. Ct. 1040,137 L. Ed. 2d 146(1997).

此时应该适用禁止反悔原则。美国联邦最高法院在该案中亦间接回应了捐献原则是对等同原则的限制这一意见,法院认为既然要反对将等同物限制为专利授权公告时已知的等同物,因此“有必要反驳更严厉的立场,即等同物必须是已知且专利中已经确实公开的”。[1] 这一观点可以理解为等同物可以但并非必须是在说明书中被公开的,上述意见实际上是对捐献原则的否定。

米勒案和马恩案认为公开而未主张的主题不是专利权人的排他范围,而按照广义上的等同原则,专利权人有权阻止竞争者使用与权利要求等同的技术方案,无论在说明书中公开与否。联邦最高法院没有明确专利权人能否适用等同原则覆盖公开但未主张的等同物。在 Graver Tank 案与华纳－詹金森案中,联邦最高法院两次提到了米勒案和马恩案中的捐献原则并不适当。

(2)YBM 马格内克斯公司诉国际贸易委员会案(YBM Magnex, Inc. v. International Trade Commission)

YBM 马格内克斯拥有一项由“6000ppm 至 35,000ppm 氧气”组成的永磁合金专利。然而,专利中的图表公开了磁体的含氧量低于 6000ppm。被控侵权人制造的磁体含氧量在 5450ppm 至 6000ppm。尽管麦克斯韦案和 YBM 案的专利权人都试图通过等同原则覆盖公开但未主张的主题,联邦巡回上诉法院认为本案与麦克斯韦案有所区别,最终以等同原则认定侵权,并提到麦克斯韦案不能被解释为所有公开了但未主张的主题都被捐献给了公众,这样理解会使麦克斯韦案与华纳－詹金森案矛盾。[2]

根据纽曼(Newman)法官的意见,该案与麦克斯韦案的区别情形在

〔1〕 520. U. S. 17, 117 S. Ct. 1040, 137 L. Ed. 2d 37(1997).

〔2〕 YBM Magnex, Inc. v. International Trade Commission . 145 F. 3d 1317 (Fed. Cir. 1998).

于权利人未主张的实施例与请求保护的方案不具有关联性且有实质性的区别。麦克斯韦案公开了两种有区别的连接鞋子的方式，基于两个实施例有实质性区别且每一种均在书面描述中有充分的描述，联邦巡回上述法院因此不认为未主张权利的实施例是权利要求书中实施例的等同方案。言下之意，是认为本案中公开的“5450ppm 至 6000ppm”与“6000ppm 至 35，000ppm”没有实质性区别。但是，法院并未对何种实质性区别的实施例可以触及捐献原则的适用予以明确。

等同原则寻求在专利权人的排他范围和竞争者的自由竞争之间达成一种动态的平衡。根据这个观点，相关技术方案是否在所述专利说明书中公开但未在权利要求中主张，这只是构成了捐献判定中需要考虑的众多因素之一，被公开技术方案与被主张保护的权利要求范围内的技术方案之间的关系同时成为衡量要素之一。较之麦克斯韦案明确的态度，在 YBM 案之后，捐献原则适用更具不确定性。

4. 当然捐献原则的确立

（1）强生公司诉 R. E. 服务公司案（Johnson & Johnston Associates v. R. E. Services Co.）

联邦巡回上诉法院的上述判例导致了捐献原则适用中的一些困惑与争议，捐献原则给公众的印象是充满不确定性，直到通过全席审理的强生案后才澄清了一些观点。参审的法官一致认为应当通过捐献原则对等同原则进行一定的限制。

专利权人强生公司拥有一项涉及制造印刷线路板的方法专利。该印刷线路板是一种薄片，上面放有计算机芯片或其他电子部件。制造印刷线路板要求把铜箔（copper foils）置于绝缘材料上，在人工放置时，工人经常会损坏铜箔。该发明让工人把铜箔黏在硬底座上，把这个连接物放置完毕后，工人可以移走底座，铜箔留在了原处。该专利要求保护的是一种通过暂时将铜箔层黏附到铝衬底的方式来减少在处理过程中可能对集成电路板脆弱的铜箔层造成损害的组件。专利书面描述写到"虽然铝是硬基底的优选材料,但也可以使用诸如不锈钢、镍合金等其他材料,有时也可以适用聚丙烯"。其权利要求 1 为一种层压制品,由在成形的集成电路板中构成功能部件的一层铜箔,以及构成可弃部件的一层铝组成。[1] 被控侵权的 RES 公司制造的层压制品是将铜箔和一层钢组合在一起。Johnson 公司认为,基于 YBM 案的等同原则,RES 公司侵权;而 RES 公司则认为,遵循麦克斯韦案,公开了而未主张的主题应当视为捐献给了公众。地区法院作出的是有利于 Johnson 公司的判决,按照等同侵权的规则判定 RES 公司侵权成立。RES 公司提出上诉的理由是权利人没有要求保护钢基底,而是将其专利范围限制为铝基底,其未主张的钢基底应当视为捐献给了公众。上述的争议的焦点是本案应当遵循麦克斯韦案或 YBM 案的先例。

联邦巡回上诉法院通过全席判决的多数意见,适用麦克斯韦案的意见并明确推翻了 YBM 案的意见,支持了 RES 公司的主张。法院认为,书面描述中公开钢基底的方案却没有在权利要求书中主张时,这一技术方案已被捐献给了公众,法院不会允许其利用等同原则对权利要求中有关铝的特征进行扩展以覆盖被控侵权的钢衬底。在作出这一决定时,联邦巡回上诉法院还首先回顾了美国联邦最高法院的先例。法院认为,麦克斯韦案的专利权人未对另一实施例主张权利,是剥夺了 USPTO 评估其可专利性的机会,破坏了权利要求划定专利权保护范围的确定性,应当适用捐献原则。虽然在格雷弗储罐公司案中的多数意见并未采纳捐献原则,但这并非对捐献原则的否定,而是格雷弗储罐公司案中的事实有所区别。格雷弗储罐公司案中最初的权利要求比较宽范地包含了其所主张的等同物,但是这些权利要求在之后被认定无效。

〔1〕 YBM Magnex, Inc. v. International Trade Commission . 145 F. 3d 1051 (Fed. Cir. 1998).

因此,较宽的权利要求被认定无效暗示权利人并无意将被认定无效的主题捐献给公众,最初的权利要求已经提供了权利人试图覆盖被公开的主题,而后续被认定无效的行为不在权利人的控制范围内且并不容易预见。〔1〕 捐献原则应当是指向“有意识地放弃”,而权利人事实上主张了公开的主题,并没有发生捐献。而且,因为被诉侵权者并未提出有效的适用捐献原则的抗辩,格雷弗储罐公司案中法院并未将捐献问题视为要面对的问题。因此,法院的结论是,格雷弗储罐公司案中没有捐献原则适用的条件。法院同时认为,美国联邦最高法院在华纳 - 詹金森案中的决定并未触及捐献原则,因为该案中的专利权人既未公开也未主张涉嫌侵权的主题,因此未能提供“适当的捐献内容”给公众。法院因此得出结论,美国联邦最高法院并没有具有约束力的先例否定捐献原则。

值得注意的是,在协同意见书中,迪克(Dyk)法官着重阐述了为什么联邦巡回上诉法院的决定是遵循了格雷弗储罐公司案先例的。因在强生案及麦克斯韦案中,技术方案被“清楚地公开”,所以与格雷弗储罐公司案在事实上有实质性的区别,实际上法院的意见与格雷弗储罐公司案是一致的。在格雷弗储罐公司案中,“说明书中提到了硅酸盐可能的用途,但是说明书并未明确地公开含锰的硅酸盐(或反映在侵权物质中的特定组合)所起到的特定用途。”纽曼法官撰写的异议意见认为,法院的决定建立了一个“对等同原则的另外一种形式的绝对限制。”〔2〕强生公司在其延续申请中递交的具有更宽范围的权利要求记载了金属衬底片,这证明了强生公司无意将更宽泛的客体贡献给公众(认为在延续申请中要求保护某些客体的行为,就是对公开但并未要求保护的客体

〔1〕 YBM Magnex, Inc. v. International Trade Commission. 145 F. 3d 1053 (Fed. Cir. 1998).

〔2〕 YBM Magnex, Inc. v. International Trade Commission. 145 F. 3d 1064 (Fed. Cir. 1998).

视为捐献这一推定的反驳)。

联邦巡回上诉法院支持捐献原则的根本原因在于,其认为坚持权利要求书而不是说明书界定了专利权的保护范围这一立场非常重要,因为权利要求书对USPTO在审查程序中的审查者及相关公众包括潜在的竞争者都具有公示效力。捐献原则与判定侵权的规则一致,是将被控侵权方案与权利要求的技术特征进行对比,而不是与说明书中描述的内容对比。另外,权利人不能公开较宽泛的内容而只主张较窄的权利保护范围,之后又希冀通过等同原则将说明书中公开而未主张的部分主张等同侵权,以此规避USPTO对该部分主题可专利性的实质性审查。专利权人因非故意的原因在权利要求中未主张已经公开了的主题,应有其他的救济方式,否则,对专利权人是不公平的。比如专利权人可以依据《美国专利法》第251条在两年之内申请再颁专利。在申请再颁期间,专利权人可以尝试扩大原初专利的权利范围,包括已公开但以前未主张的主题。再者,专利权人可以根据美国专利法进行延续申请,在本案中实际上强生公司已经启动了这一程序。强生案解决了前述先例中适用捐献原则的不确定性,通过再次重申权利要求的公示功能,严格适用捐献原则,以保证由权利要求书而非说明书界定的发明范围。

(2)PSC计算机产品公司诉富士康国际公司案(PSC Computer Products Inc. v. Foxconn International Inc.)

涉案专利权利要求记载了一种固定架,包括“细长的、有弹性的金属带”,而说明书还公开的内容包括“也可以用其他弹性材料,现有技术中,也有使用模制塑料和/或金属部件的”,被控侵权产品则采用了塑料带。权利人认为,只有当相关技术方案的公开是以清楚、具体的方式描述时,才满足捐献原则的适用条件。而该案中说明书中的表述是含糊的。

依据强生案原则，将专利权人公开而未要求保护的内容视为对公众的捐献，该案对该公开的具体程度进一步作了阐述。法院认为，通过前述说明书中的描述，法院认为说明书中的内容已经足够具体地表示将未要求保护的实施例塑料带捐献给了公众，因此将塑料带置于所要求保护的金属带等同保护的范围之外。判断的标准在于本领域的普通技术人员是否通过阅读书面描述就能实施该方案。在本案中，一位具有本领域普通技术水平的人“能够合理地从书面描述的语言中得出塑料带零件能够替代金属带零件的结论”。法院认为，PSC 公司要么在权利要求中除了金属零件带之外也要求保护塑料带零件，并递交这项范围较宽的权利要求接受审查，要么就不要求保护塑料带而将使用塑料零件的权利捐献给公众。[1] 因此，法院依照捐献原则判决被告不构成侵权。但法院同时指出，如果说明书中仅有“也可以用其他弹性材料”的描述则不满足具体的要求，不能适用捐献原则。

捐献原则的适用标准在本案中进一步明确化及细致化，捐献原则适用的情形被限定在专利权人将在说明书中公开的主题作为专利权利要求中某一技术特征的替代方案进行特定化的情形，这一标准排除了说明书中泛泛而谈某一主题而适用捐献原则的可能性。概括地说，该适用标准包括如下两个方面：客观方面强调被公开主题的特定化，只有那些明确作为某一权利要求声明保护的化合物或物质的替代物在说明书中被特定化公开时，才能视为将其捐献给了社会。主观方面强调专利法理论中常用“理性科技人”的主观判断，也就是说，本领域的普通技术人员通过阅读说明书就可以理解该技术特征已被公开，但是在专利权利要求书中尚未要求明确保护的情况。[2]

---

〔1〕 PSC Computer Products Inc. v. Foxconn International INC. 335 F. 3d 1360(Fed. Cir. 2004).

〔2〕 丁锦希、郭璇、姜辉、耿露：《美国捐献原则及其对我国的启示——基于 Pfizer vs. Ranbaxy and Teva 生物医药专利侵权诉讼案的实证分析》，载《知识产权》2011 年第 10 期。

## 三、捐献原则在我国的发展

捐献原则源于美国，是法院从诸多的判例中归纳出来的一项规则。它反映的是权利要求和说明书的关系。目前，世界上多数国家都规定，专利权的保护范围以权利要求为准，说明书用于限定权利要求。也就是说，在界定专利权的保护范围时，都以权利要求为准。专利权人不能把没有写进权利要求的技术特征在事后的诉讼中再主张加以保护。从理论基础上看，它与禁止反悔原则存在一致性。因之，很多国家尽管没有明确该原则，但都是通过禁止反悔原则达到了捐献原则的效果。

我国对这一原则的采用是从北京高级人民法院开始尝试的。2001年，北京市高级人民法院颁布的《北京市高级人民法院关于专利侵权判定若干问题的意见(试行)》的第15条在关于确定专利权的保护范围时首次涉及了捐献原则，该条规定，“仅记载在专利说明书及附图中，而未反映在专利权利要求书中的技术方案，不能纳入专利权保护范围。即不能以说明书及附图为依据，确定专利权的保护范围”。该条文尽管没有明确采取捐献原则的提法，但内容与捐献原则基本一致。北京高级人民法院当时的做法是，在处理专利纠纷时，通过这一制度来确定专利的保护范围。2009年12月，最高人民法院以司法解释的形式吸收了捐献原则，《专利法司法解释(一)》第5条规定，“对于仅在说明书或者附图中描述而在权利要求中未记载的技术方案，权利人在侵犯专利权纠纷案件中将其纳入专利权保护范围的，人民法院不予支持”。北京市高级人民法院2017年修订了《专利侵权判定指南》，对捐献原则进行了重新表述。其明确表述为专利权人放弃相关技术方案，明确了捐献的概念。该指南第58条规定，“在说明书或者附图中描述而未被概括到权利要求中的技术方案，应视为专利权人放弃了该技术方案。权利人主张该技术方案落入专利权保护范围的,不予支持”。认真对比最高人民法院的司法解释和北京市高级人民法院的审理指南,笔者认为尽管二者都规定了捐献原则,但存在不同。最高人民法院的表述应理解为当然捐献,只要是没有在权利要求中记载的技术方案,法院是不予保护的。但是,北京市高级人民法院的做法是,“视为专利权人放弃了该技术方案”。这里的“视为”给了专利权人一定的反证机会,对专利权人似乎更为公平。

最高人民法院在《专利法司法解释(一)》中确定了捐献原则之后,在之后的一些案例中,适用该原则解决了一些纠纷。其中典型的案例是陈某弟与浙江乐雪儿家居用品有限公司、何某华及第三人温士丹侵害发明专利纷案,这一案件被吸收到最高人民法院公报中,也意味着在最高人民法院看来,该案具有典型意义。

专该案专利为“布塑热水袋的加工方法”发明专利,该专利权利要求为:布塑热水袋的加工方法,其特征在于:第 10 步,将密封垫片和螺纹塞盖互相装配后旋入螺纹塞座中;第 11 步,充气试压检验,向热水袋充入压缩空气进行耐压试验。权利人陈某弟主张,专利说明书记载了步骤 10、步骤 11 的顺序可以调换,权利要求 1 并未排除说明书中记载的这一技术方案,因此调换步骤的技术方案应当纳入涉案专利权的保护范围,本案不应适用捐献原则。

最高人民法院在提审后认为:准确确定专利权的保护范围不仅是为专利权人提供有效法律保护的需要,也是尊重权利要求的公示和划界作用,维护社会公众信赖利益的需要。在权利要求解释中确立捐献原则,就是对专利的保护功能和公示功能进行利益衡量的产物。对于在说明书中公开而未写入权利要求的技术方案,如果不适用捐献原则,虽然对专利权人的保护是较为充分的,但这一方面会给专利申请人规避对较宽范围的权利要求的审查提供便利,另一方面会降低权利要求的划界作用,使专利权保护范围的确定成为一件过于灵活和不确定的事情,增加了公众预测专利权保护范围的难度,不利于专利公示作用的发挥以及公众利益的维护。最高人民法院认为,如果本领域技术人员通过阅读说明书可以理解公开但未要求保护的技术方案是被专利权人作为权利要求中技术特征的另一种选择而被特定化,则这种技术方案就视为捐献给社会。涉案专利说明书明确记载了第10、11步的步骤可以调换,而这一调换后的步骤并未体现在权利要求中,因此调换后的步骤不能纳入涉案专利权的保护范围。[1]

最高人民法院在该案例中详细阐释了捐献原则适用的价值取向,在专利的保护功能与公示功能可能冲突的情形下,认为专利的公示功能应当作为更高位阶的价值选择,对己不利的法律后果应当由专利权人自行承担。最高人民法院在本案判决中还进一步释明了捐献原则适用的具体条件,指出被捐献的部分应当是在说明书中公开的程度达到"被特定化"的技术方案。即从说明书公开的方式看,该方案实际上已经成为一项完整的满足专利新颖性、创造性和实用性条件的技术方案。其不能获得法律保护的原因只是在于权利人并未在权利要求中对该项技术方案主张权利而已。该案系最高人民法院公报案例,是目前为止最高人民法院层级适用捐献原则的代表性案例,虽然包括公报案例在内的所有类型的重大、典型案例不属于法律渊源,但该案的裁判规则对司法实践中掌握捐献原则的适用尺度有直接的指导意义。从技术方案的复杂程度和语言文字的丰富含义角度来说,特定化的标准仍然充满了可解释的空间,譬如上位概念的公开是否指涉所有下位概念被特定化地公开了等,但特定化这一公开标准的界定为解决捐献原则的客体问题提供了重要的司法智慧。

---

〔1〕 最高人民法院(2013)民提字第225号民事判决书。

## 小　结

美国司法实践中形成的捐献原则对于确定专利权的保护范围具有重要的意义,我国法院也吸收了这一原则。从目前的适用状况看,捐献原则指的是在说明书中公开而没有记载在权利要求书中的技术方案被当然捐献给公众。当然捐献原则对法院而言简单易行,亦便于专利权人和社会公众遵照执行,一定程度上可以阻止司法资源的浪费。适用捐献原则,在程序上只需检视专利的说明书与权利要求书。同样地,专利权人可以通过在权利要求中完整主张那些在说明书中公开的技术方案,以避免捐献原则的适用。从提高专利撰写质量的角度,捐献原则可能督促专利撰写人在撰写专利文件时特别注意选择适当的权利范围,尤其应特别注意其向公众公开的方案是否已在权利要求中进行了恰当的表达,以避免发明创造落入公共领域。捐献原则适用的重点取决于对"公开"概念的理解。尽管强生案和米勒案都认为公开但未主张的主题应当视为捐献,但两个案件均未对如何定义"公开"给出具体的指引,后续的 PSC 案给予了一些提示但仍然未能完全明确"公开"的法律内涵。上述案例澄清了一些争论,也留下了许多未竟的思考:如捐献原则适用的前提,必然基于法律对公开的时间、方式、程度等具体规范的完善,包括公开的内容是仅限于其字面含义或者包括相应等同物;另外,在专利权人基于专利的有效性问题进行了专利权利要求的修改时,是否可以完全无视专利权利的变化过程依然直接适用捐献原则,专利权人的意图是否是可以完全被忽略的因素,以及被控侵权人的有效抗辩是否应当作为适用该原则的必要前提等。

# 第三章　捐献原则的价值与功能

捐献原则告诉我们,没有记载在权利要求中的技术方案和技术特征,不属于专利权人的垄断范围,专利权人无法对其主张权利,也不能阻止其他人对这些技术方案的利用。通常认为,捐献原则是对等同原则的限制,是个人利益与公共利益衡量的结果。从功能上看,这一制度可以确保专利的公开,并保护第三人的信赖利益。

## 一、捐献原则的理性基础

### (一)创新、专利与分配正义

按照实体主义路径,发明人完成了多大范围的创造,其专利权的保护范围应当确定为相应的范围。为何发明人完成的实体发明范围较大时,由于没有在权利要求中记载而仅在说明书中进行了说明,就不给予保护,而被视为捐献给了公众?这应当从专利权乃至知识产权的目的与价值说起。

专利权是保护创新的权利,它通过制造人为的稀缺,赋予专利权人通过市场获得回报。多数学者认为,在市场经济中,模仿是常态,知识产权是例外。这意味着,在市场经济中,通过企业间的模仿,可以降低产品价值,提高产品质量,从而使消费者获益。企业也会通过竞争拉近距离,实现市场的均衡。但随着市场的扩大,企业要进一步积累财富,必须勇担市场的先行者,因此,它必须从事创新。熊皮特认为,所谓的经济发展就是生产要素的重新组合,这种重新组合就是把现有的生产要素和生产条件重新进行组织,并纳入经济体系中,从而实现经济增量。这种新组合的目的是获得潜在的高额利润。在熊皮特看来,创新包括引进一种新产品、采用一种新方法、开辟一个新市场、获取一种新产品来源、实现一种工业新组织。[1]用现在的话概括,就是产品创新、技术创新、市场创新、资源配置创新、组织创新。在熊皮特看来,经济发展的本质就是创新,而且这种创新是内生性的。由此看来,创新是一个经济体的本质,无论在远古社会人类对火的发明(广义上的创新),还在现代社会对某种新药品的发明。其区别仅在于,创新在一个政治经济体中所占的地位不同。

中华人民共和国经过四十年的发展,已经进入中等收入国家。在这四十年里,中国采用了非常高效的政策新组合(制度创新),创造了农村富余的劳动力,使中国成为世界的制造中心,一跃成为世界第二大经济体,取得了举世瞩目的成就。[2] 但随着中国进入中等收入国家,中国的经济发展速度相对变慢,如何通过创新使中国避免陷入中等收入国家陷阱,这成为我国面临的重大问题。经过艰苦的摸索和讨论,我国确立了创新引领发展的国策,这意味着,我国将改变之前通过要素和资本积累发展经济的模式向创新发展经济模式转变。然而,创新意味着巨

〔1〕 Joseph A. Schumpeter, *The Theory of Economic Development*, Transaction Publishers, New Brunswick, 1983, p. 66.

〔2〕 [美]乐文睿等:《中国创新的挑战——跨越中等收入陷阱》,刘圣明译,北京大学出版社 2016 年版,第4页。

大的风险。如果对这种风险没有足够的保护,创新的积极性就会受挫。这提醒我们,若维持一个社会的创新能力,避免因高风险带来的企业破产,必须在制度上为创新提供保障。

尽管竞争能提高市场经济中的消费者剩余,但对于高风险行业,如果任由企业低成本地模仿,从事创新的企业最终就丧失了创新的积极性,从而最终影响了消费者利益,其中最为典型的例子是药品行业的研发。一个企业新药品的面市,从最初的研发,到临床试验,到获得医药监管部门的批准上市,要花费高昂的经济成本和时间成本,倘若这种新药品一上市任由其他企业模仿竞争,从事开发的企业就丧失了新进入市场的优势,进而导致它丧失了从事药品创新的动力。[1] 此时,赋予这种创新主体一种产权,借此它可通过禁止他人对其产品进行模仿并由此获得回报是有益的。这种产权在现代知识产权法上就是专利权。有学者经过实证研究得出结论,专利权在医药行业、计算机、机械设备等领域回报率最高,在电子和电气产业回报率为零。[2] 尽管如此,为充分保障市场的创新动力,专利权还是仍然充分地发挥作用。[3]

在笔者看来,在没有对发明创造界定产权之前,发明创造领域是一个公有领域,由于技术本身的可复制性,传播和模仿成本几乎为零,此时不同的企业可以在同一时间同时使用该技术。从短期内,这种同一发明创造可以为多人使用的状况可以增加竞争,增加消费者剩余。但由于发明创造的高成本、高风险,如果发明人不能从研发新产品的过程中收回投资、获得回报,以后其他的人就不愿意进行类似的创新,从而

---

〔1〕 [日]田村善之:《日本知识产权法》(第4版),周超、李雨峰、李希同译,知识产权出版社2011年版,第13页。

〔2〕 [美]丹·L.伯克、马克·A.莱姆利:《专利危机与应对之道》,马宁、余俊译,中国政法大学出版社2013年版,第96页。

〔3〕 F. Scott Kieff, Property Rights and Property Rule for Commercialization Inventions, 85 Minn. L. Rev. 697(2011).

窒息了社会的技术进步。在这个意义上,对发明创造界定产权是保证整个社会进行技术创新的前提。

本书认为,将发明创造界定产权,并将其配置给发明人,从经济学上看,是提高效率的要求。在法哲学上,体现了罗尔斯所谓的分配正义。在马克思主义看来,专利权体现的不仅是专利权人与发明创造之间的支配关系,更重要的是体现了因发明创造而形成的人与人之间的关系。从这个角度看,专利权更是一种制度安排,它不仅涉及专利权人对发明创造的支配范围,还涉及专利权人与第三人之间的权利义务关系。罗尔斯提醒我们,在设置制度安排时,必须置于正义的考量之下。[1] 由于一种制度安排折射了人类的正义观,这种制度才能为人类所接受,并获得合法性。在法哲学家们看来,正义是人类社会面临的首要和基本问题。它关涉的是,在社会资源相对贫瘠的前提下,如何进行分配并实现社会的合作。但正义具有普罗透斯式的外观,不同的哲学家对其解释是不同的。边沁式的功利主义认为,社会资源的分配应当按照社会上绝大多数人的幸福来进行分配,认为一种社会资源的分配方案如果体现了社会上绝大多数人的福利,就实现了社会正义。[2] 这种思想意识到由于社会资源的有限性,在每个社会成员之间进行平均分配显然无法实现,不同的资源对不同的人价值是不同的。把有限的资源分配给那些并不急需的人意味着对资源的浪费。然而,这种思想忽略了社会上那些处于劣势地位的人的需求,仅顾及了社会上绝大多数人的福利。在那些实行民主制度的共同体中,就可能出现绝大多数人对少数人的暴政,拉大了社会成员之间固有的不平等。法律经济学家认为,在法律实践中,至少在普通法的实践中,法官不可能按照边沁

〔1〕［美］约翰·罗尔斯:《正义论》,何怀宏等译,中国社会科学出版社2009年版,第42页。
〔2〕［英］边沁:《道德与立法原理导论》,时殷弘译,商务印书馆2000年版,第43页。

的所谓绝大多数人的财富最大化这一进路去审理案件。由于正义的难以度量,效率就是一个足够的正义概念。[1] 法律经济学家关于正义的效率的解释,虽然让正义具有了清晰的轮廓,但它忽略了自亚里士多德以来关于正义中所包含的最重要的平等的内容。正义的特质就是平等,它意味着同等地对待同等的人。[2] 但由于看到人具有自然的差别与不平等性,柏拉图在其理想国中承认了社会阶级的存在,金质的人们属于统治者,银质的人们属于监护者,铜质和铁质的农民、技工和商人属于生产的阶级。在柏拉图看来,在这个社会秩序中,每个阶级履行自己的职责就是所谓的正义。[3] 与这个社会等级的分配的正义观不同,亚里士多德的正义观更为后世所继承。

(二)捐献原则与矫正正义

在亚里士多德看来,这个世界的物品应当按照统一的价值在公民之间进行分配,这种分配的秩序应当由法律加以保证。他认为存在两种正义,一种正义为分配的正义(Distributive Justice),它由立法者根据平等原则将私权和政治权利分配给国民。每个人基于其对公共福利的共享获得他所应有的份额。分配正义体现的是立法者关于个人对公共福利的态度,它只是相对的、比例的平等。[4] 由于分配的正义有可能受到不法的侵害,这时候立法者就应当保护和维持这种分配的正义。例如,当一个人的财产权(分配的正义)受到另一个人的侵犯时,法律就应当使被害人恢复其原来的状态,这称为矫正的正义(Corrective Justice)。[5] 亚里士多德关于分配正义与矫正正义的观点对后世产生了巨大的影响,此后的西方思想界关于正义的讨论,无论是赞同还是反

[1] [美]理查德·波斯纳:《正义/司法的经济学》,苏力译,中国政法大学出版社 2002 年版,第 6 页。
[2] [美]博登海默:《法理学》,潘汉典译,法律出版社 2015 年版,第 34 页。
[3] [古希腊]柏拉图:《理想国》,郭斌和、张竹明译,商务印书馆 1986 年版,第 102 页。
[4] [加]欧内斯特·J. 温里布:《私法的理念》,徐爱国译,北京大学出版社 2007 年版,第 65 页。
[5] [古希腊]亚里士多德:《尼各马可伦理学》,廖申白译注,商务印书馆 2003 年版,第 67 页。

对,都绕不过亚里士多德的论述。[1] 在现代民法哲学中,一般认为,关于私权配置的框架都体现了分配正义的理念,而关于侵权救济方面的内容体现了矫正正义的理念。

无论是分配正义还是矫正正义,都体现了立法者和法官的作用,是立法者对其公民私权的分配和矫正。问题在于,这种立法者的意志是如何形成的呢?它是国家进行阶级统治的工具?还是奥斯汀所谓主权者的命令?在这方面,当代自由主义者罗尔斯的正义理论论述得最为充分,也最引人注目。在其巨著《正义论》中,罗尔斯试图建构一套道德上可欲实践中可行的道德原则,目的在于规范社会的基本结构,以决定社会资源的合理分配。由于社会资源相对贫乏,社会成员不可能得到所有想得到的东西,因此,社会成员的合作必不可少。另外,由于社会成员的人生计划各不相同,价值冲突不可避免。因此,必须寻找一组合理的社会成员都予以认可的能够促进彼此合作的原则。这组原则应当体现这样的精神:第一,社会成员以自由、平等的身份参与社会合作;第二,社会合作不是一场优胜劣汰的零和博弈,而是每个人都能从中受益;第三,合作的方式,必须让每个参与者都认为是公平的。[2] 罗尔斯的正义是旨在平等的正义,他称之为作为公平的正义。在他看来,现代西方启蒙思想家如霍布斯、洛克等,解决了现代社会的自由这一价值,但没有解决另一个更重要的价值,即平等。之前的一些自由主义者解决平等的方式有两种,一种是权利平等,另一种是机会平等。但对于罗尔斯来说,权利平等进路消除了封建等级制度的阶级差别和固有地位,但它是形式的,摆脱不了自然偶然性和社会任意性的影响,如天赋能力的差别、家庭出身的影响。机会平等进路消除了由社会和文化环境给

---

〔1〕 [美]理查德·波斯纳:《法理学问题》,苏力译,中国政法大学出版社 2002 年版,第 392 页。
〔2〕 周保松:《自由人的平等政治》,三联书店 2010 年版,第 7 页。

人造成的不利影响,但无法消除自然偶然性方面的差别。作为一位自由主义者,罗尔斯最关注的是那些处于社会底层人们的平等,他致力于通过各种制度安排来改善这些“最不利者”的处境,缩小他们与其他人之间的差距。因此,罗尔斯把自己基于公平的正义论解决的平等问题称为“民主的平等”。[1] 在罗尔斯看来,他心目中的正义社会应当满足以下两个原则:第一个原则是,每个人与其他人所拥有的最广泛的平等基本自由体系相容的类似自由体系都应有一种平等的权利;第二个原则是,社会和经济的不平等应这样安排,使他们:(1)被合理地期望适合于每一个人的利益;(2)依系于地位和职务向所有人开放。第一个原则意在确保公民的平等基本自由,第二个原则意在矫正社会和经济的不平等。[2] 第一个原则解决的是平等的权利,第二个原则解决的是平等的机会。为了证成其正义原则,罗尔斯提出了一个模拟的思想实验,在一个原初状态(original position)下,契约各方被一层无知之幕(the veil of ignorance)遮住了所有关于他们个人的资料,包括天赋能力、家庭背景、社会地位、人生价值等,他们既不知所属社会的特定环境,也不知社会的文明程度等。他们只是理性的自利主义者,只是理性地计算按照什么样的原则能使他们得到最多的基本物品。罗尔斯通过论证得出结论,尽管契约各方会存在不同的甚至是相反的主张,但上述两个正义原则是最终的重叠共识内容。

就专利权而言,发明人通过自己的研发,在现有技术的基础上增加了技术总量,丰富了公共资源,让社会上更多的人有机会接触使用该技术。立法者对发明人授予专利权,体现的是一种分配正义。它试图通过赋予产权的方式,赋予发明人一种垄断,借此专利权人可以在法律上

[1] [美]约翰·罗尔斯:《作为公平的正义》,姚大志译,中国社会科学出版社2011年版,第300页。
[2] [美]约翰·罗尔斯:《正义论》,何怀宏等译,中国社会科学出版社2009年版,第47页。

禁止其他竞争对手擅自模仿和复制。其他竞争对手若要使用发明人的技术方案,必须事先取得专利权人的许可,必须向专利权人支付许可费。借此,专利权人通过向其竞争同行收费收回了其研发成本和投资。这种通过市场方式获取回报的方式,在经济学家看来是私有产权的最本质特征。同时,这种对发明创造的专利权,并不考量发明人的身份,无论发明人的技术背景、自然禀赋、富裕程度、权利能力等,哪怕是无民事行为能力和限制民事行为能力人,只有他完成的发明创造达到了专利法的三性,就有可能被授予专利权。这种在市场社会中每个人都拥有的自由和权利,既是分配正义的结果,也体现了罗尔斯所谓的民主的平等。它把专利权主体的资格向每一位社会成员开放,既包括社会技术领域的精英,也包括社会上那些爱好发明创造的最底层社会人员。古今中外,关于农民发明家的介绍在一定程度上也支持了这种看法。此外,为保护这种专利权,为了防止这种分配的正义不被破坏,专利法上还规定了未经许可擅自使用他人的发明创造,该使用人应当承担停止侵害和赔偿损失的责任。这一关于侵权责任的制度设计,又是矫正正义的体现。一如罗尔斯所指出的,每个人的自然禀赋并不相同,并不是每个人都具有从事发明创造的能力,因此,只有分配正义还不够,只有第一个正义原则还不够,它只解决了平等的权利这一问题,还没有解决平等的机会。对于那些无法支付专利许可费的最不利者,对于那些终端的发明创造的使用人,也应当具有使用这些发明创造的机会,为此,专利法在配置专利权的同时,还对专利权人的排他范围进行了划定。那些没有对专利权人的市场造成影响的使用行为,如为实验目的的使用、为个人目的的使用等,都不视为是对专利权的侵害。

与专利权体现的分配正义不同,捐献原则体现的是一种矫正正义。它反映的是就发明创造的私有控制与他人使用之间的一种平衡。按照捐献原则,尽管有些技术方案是发明人完成的,按照分配正义应当由专利权人对其私有并控制,但由于这些方案仅在说明书中进行了公开而没有记载在权利要求书中,而权利要求书被认为是划定专利权范围的重要文件,这些方案就不属于专利权人的控制范围,它被视为捐献给了公众。从另外一个角度看,这些技术方案被置于任何人可随便使用的状态中。它把按照分配正义应当把产权配置给专利权人的技术方案从专利权人手里进行了剥夺,把平等的机会给予了社会公众。从技术上看,专利权人享有专利权必须具备一定的条件,如技术方案的专利性要求、合法性要求以及一些程序上的要求,这意味着,如果发明人没有满足这些要求,他就不能享有专利权,这是实现专利权人分配正义的条件。反过来看,如果发明人没有满足这些实现分配正义的条件,他就无法享有分配正义的利益。而捐献原则涉及的技术方案,由于发明人没有满足相应的条件,就无法享有分配正义的利益。这些技术方案,经由矫正正义,被置于任何人均可自由使用的领域。

## 二、捐献原则的功能

### (一)保护第三人的信赖利益

专利权是一种人为的垄断权,这种垄断是法律的拟制。[1] 这意味着,从物理上和事实上看,专利权人对其技术方案的控制是不能为他人所知悉的。在这点上,专利权和所有权是不同的。二者都是支配权、排他权,义务人都是不特定的第三人。由于权利反映的不仅是主体对于对象的一种支配关系,还反映了权利人与不特定第三人之间的权利义务关系,反映着权利人的权利边界。为此,这种权利的边界,应当让第三人有所了解。其理由在于,自亚里士多德以来,人就被认为是社会性

〔1〕 Craig Allen Nard, Legal Fiction and the Role of Information in Patent Law, 69 Vand. L. Rev., 1518 (2016).

的动物,与他人交往,是人的本性。然而,在与他人交往时,又不能随意地干预他人的生活,否则,就是对他人自由权利的侵害。古典自由主义观认为,一个人的自由就是别人不能干预的领域,在这个领域内,权利主体应当享有完全的自主性。反过来看,一个人的自由又必须有所限制,在享有自由的同时,不能干预他人的自由,即所谓你的自由止于我的鼻尖。[1] 显然,在行使自由的时候,知悉他人权利的边界,就成了自由的应有之义。就所有权而言,这种权利的边界,比较容易被第三人所知悉。由于所有权的对象是有体财产,其外观具有具象的三维形式,占有就被认为是最常见的权利外衣。占有是以有体物为对象而体现的一种事实上的管领力。尽管对占有是一种事实还是一种权利,学界存在不同认识。但就功能而言,占有通常是法律上对物支配权的一种表现,是权利的外衣。[2] 任何第三人,在发现占有人占有的财产后,第一反应就是该财产是占有人控制的财产,他自己不能接触侵扰。在现实生活中,占有的这种功能为社会秩序的维持发挥了不可或缺的作用。为什么他人戴的眼镜、戴的手表、穿的衣服,我们不能靠力量去抢?是因为权利人向我们展示了其所有权证书吗?显然不是,就是因为,这些财产在所有人的占有之下,我们从其占有的状态看到了其权利的外衣。这种事实上的、物理上的占有,为所有人之外的任何第三人提供了预期,它告诉第三人,这是第三人行为的边界。在这个意义上,占有具有降低交易成本的作用。

然而,专利权这种财产权利的权利外观就比较复杂。专利权的对象是技术方案,这种方案体现为具有商业价值的信息,具有可复制性、共享性。这种技术方案不具有具象的三维形式,权利人无法从物理上、

---

〔1〕［英］约翰·密尔:《论自由》,许保骙译,商务印书馆2010年版,第65页。

〔2〕谢在全:《民法物权论》(下),中国政法大学出版社2011年版,第1180页;崔建远:《物权:规范与学说》(上),清华大学出版社2011年版,第279页。

事实上占有(除非采取保密的形式,但一旦保密,就无法获得专利权)。相反,由于其具有可复制性和共享性,它还很容易被权利人之外的第三人复制、使用,并不影响其事实上的价值。因此,任何第三人都无法从技术方案的外在形式上,知悉专利权人的权利边界。如果没有合适地告知第三人专利权边界的方法,与专利权人发生关联的第三人就会手足无措,不知道自己何时何样的行为是合法的。为此,专利法上建立了公告制度,国家专利局对发明人的技术方案进行审查,对达到了规定条件的技术方案授予垄断权,并进行登记公告。这种登记公告类似于房屋等不动产的权利内容及边界宣告形式,但由于房屋等具有三维形式,容易被第三人所感知,因此,专利权的登记公告与房屋所有权的登记公告相比,就更为重要。

发明人申请专利的文件包括请求书、说明书、权利要求书及附图。国家专利局凭借这些文件对发明人的技术方案进行审查。在这些文件中,最重要的文件是权利要求书和说明书。权利要求书的目的是告知社会专利权的保护范围,说明书重在告知社会,该技术方案的实施方式和实施例,以确保该技术方案具有可实施性。权利要求书很像不动产所有权证书,它向社会宣布专利权的边界,亦是告知第三人的自由活动领域。按此权利要求书,第三人的行为只要不进入专利权的边界,其行为就是合法的,不受专利权人的控制。由此,第三人也形成了自己的预期利益。但由于权利要求书所包含的技术方案比较复杂,技术的发展远远超过语言的发展,侵权人在剽窃专利权人的技术方案时,原封不动地使用的情况非常少见。更常见的情况是,侵权人对专利方案进行非实质性的替换,这样在形式上就避开了对专利技术方案一模一样的剽窃。在这种情况下,如果对侵权人的行为不予制止,对专利权的保护显然是不利的。为此,专利法在制止一模一样的侵权行为(字面侵权)的同时,还规定了等同侵权。如果被告的技术方案,是以基本相同的方式、实现基本相同的功能、达到了基本相同的效果的形式进行的,也被认定为侵权(等同侵权)。专利法上规定的等同侵权虽然保护了专利权人,但这种侵权形式显然超过了权利要求书的范围,将第三人置于不可预知自己行为性质的境地。如此一来,法律的天平就过于保护专利权人,牺牲了第三人的信赖利益,这对第三人显然是不公平的。而且,社会的进步依赖于科技的持续研究和开发,如果第三人不确定自己行为的性质,就不敢随意地投资审查与专利方案相类似的产品,也不敢对专利技术方案的外围从事研发。这既不利于竞争市场的形成,也不利于技术的进一步发展。为弥补等同原则给第三人带来的不利,专利法在保留等同原则的前提下,又规定了捐献原则。按此原则,即使和权利要求书中的技术方案等同的方案,如果在说明书中已经公开,就被视为捐献给了公众。其理由在于,说明书的目的和权利要求书是不同的,说明书的目的是公开发明的技术方案,并公布具体的实施例,确保专利方案的可实施性。如果某个方案在说明书中公开了,说明专利权人已经意识到这个方案,而又在权利要求书中没有记载,说明该方案在专利权人看来并不重要,并不想纳入保护范围。这样,为保护第三人的信赖利益,该技术方案就不属于专利权的保护范围。

### (二)确保专利的公开功能

支撑捐献原则的制度基础是说明书的公开功能。与商业秘密不同,涉及对技术方案的保护时,如果适用专利制度,尽管专利保护技术方案的强度较大,但其对价是,技术方案必须公开。从专利制度衍生的西方国家来看,专利权被视为专利权人与国家之间的一种契约,国家通过赋予专利权人一定时间内的垄断,通过制造稀缺确保专利权人获得投资的回报;作为对价,专利权人必须公开其技术方案,让所属领域的技术人员能够利用。在专利制度的产生历史中,尽管专利权与著作权都源于中世纪英国的君授特权制度,但从来没有一种观点认为,发明家应当与作者一样享有永久的权利。有人推测,之所以这样做,或许因为发明对于社会太重要,它不能永久被发明家控制。[1] 对于这种对社会非常重要的垄断权,一些判例指出,"鉴于发明确实给全体臣民带来的好处,国王可以授权某人在适当的时期内享有垄断利益,直到全体臣民都了解该项发明为止,否则便不得授予垄断"。[2] 19 世纪 50 年代的英国,因为审查制度的低效率、专利说明书的不确定性,当时的人们对专利制度颇有顾虑,对专利权持一种否定的态度。到 19 世纪 70 年代,发明专利对国家利益构成危害的看法逐渐弱化,但专利的公开性要求却作为专利的基本内容之一被保留了下来。[3]

与商标权类似,专利权的获得也要由国家行政管理部门审查后授权。国家专利行政部门通过审查申请人提供的申请书、说明书和权利要求书,比照已有的技术,审查技术方案的新颖性、创造性和实用性。符合这三项要求的技术方案可以获得专利权,否则,则面临被驳回的危险。从性质上看,专利权是一种民事权利,是一种对世的支配权,对第三人具有绝对排他的效力,其得丧变更须有足够由外部可以辨认的表征,如此才能透明其法律关系,避免第三人受损,保护交易安全。此种可由外部辨认的表征,即为专利权的公示方法(登记)。[4] 凭此登记,第三人可以预期其自由活动的领域。从经济学上看,这种方法界定了产权,降低了交易成本,促进了效率。[5] 在专利权的公示方法中,权利要求书和说明书发挥着不同的作用。权利要求书是向第三人告知专利权人的垄断范围,越此范围者有被控侵权的可能(法律特别规定者除

〔1〕 [澳]彼得·德霍斯:《知识财产法哲学》,周林译,商务印书馆 2017 年版,第 29 页。

〔2〕 同上书,第 41 页。

〔3〕 [澳]布拉德·谢尔曼、[英]莱昂内尔·本特利:《现代知识产权法的演进——英国的历程(1760–1911)》,金海军译,北京大学出版社 2012 年版,第 158~160 页。

〔4〕 参见王泽鉴:《民法物权·通则·所有权》,中国政法大学出版社 2001 年版,第 92 页。

〔5〕 罗纳德·科斯:《社会成本问题》,载盛洪编:《现代制度经济学》,中国发展出版社 2009 年版,第 39 页。

外)，而说明书是告知第三人该技术方案的实施方案，它应该充分公开，以让所属领域的技术人员能够实现，达到预期的效果。通常情况下，说明书应当支持权利要求书的内容，二者是一致的。但因为撰写申请书的技术难度以及语言问题，很有可能有些技术方案在说明书中进行了公开，但没有概括在权利要求书中，这种方案如果不予区别地给予保护，就可能混淆了说明书和权利要求书的功能，[1]也损害了社会公众的信赖利益。

问题在于，既然权利要求书被认为是专利权的保护范围，为什么在处理侵权纠纷时，不严格按照权利要求书确定的范围来进行判断，而还需要考虑说明书并发展出等同原则？笔者认为，这和专利权的基础有关，和市场与政府的职能划分有关。近代以来的政治哲学家一直关注的一个问题是政府何以可能、公民自由如何保护的问题。中世纪的西方政治哲学家深受基督教的影响，在公民自由方面，秉持一种道义论的立场，认为人活着就是为了承担对上帝的义务。只有此生经过努力履行了对上帝的义务，才能获得救赎并进入天堂。这是一种自然义务论的哲学进路。自霍布斯以来，一改之前自然义务论的立场，认为自保(安全)是人的第一要务。与格劳秀斯一样，他假设了一个没有政府的自然状态，在这个状态下，人人都为自保及安全而存在，个人只能通过自己的力量维持自身的存在。但这种状态会导致人类之间的暴力，不利于社会的向前发展。为此，政府出场了。政府是社会中的每个人都同意让渡的一部分权利，其任务仅是保证每个公民生存的基本权利。同时，人类还保留了大部分权利，以推翻政府肆意妄为时对公民权利过度干涉的情况。[2] 洛克、亚当·斯密等也继承了霍布斯的自然权利进

〔1〕 在美国专利法中，公开的内容一般指说明书中除了权利要求之外的内容，包括书面描述、说明书附图。[美]J. M. 穆勒：《专利法》(第3版)，沈超等译，知识产权出版社2013年版，第90页。

〔2〕 [英]霍布斯：《利维坦》，黎思复译，商务印书馆1985年版，第201页。

路,认为政府就应当扮演守夜人的角色,不应当过分干预公民的活动范围。[1] 这一自然权利论的立场尽管被后世多有批评,但它奠定了关于市场和政府之功能分野的认识。就专利权的基础而言,它就可以提醒我们,在发明创造的完成中,是市场中的人,而不是政府发挥了基础性作用。与商标权的取得相同,在专利权的取得上,也存在授权说和确权说两种思路。按照授权说,专利权的取得是政府部门积极而为的结果,国家知识产权局根据国家产业政策来确定何种的发明创造在满足何种的条件时可以被授予垄断权。这一认识也符合历史主义进路。从历史上看,专利权脱胎于中世纪的特许权,这种权利当时是西欧特别是英国、法国的皇室为了引进海外的技术而对引进人授予的一种特别的垄断权,这种权利当时完全是皇室考虑发展经济而进行的产业选择的结果。按照确权说,专利权的基础是发明人完成的技术方案,是发明人的创造性劳动使专利权具备了合法性,国家政府部门颁发的专利证书、权利要求书等文件只是专利权范围的公示性文件,是告知第三人行为的边界。国家知识产权局的审查只是对发明人技术方案专利性的一种甄别,与发明人技术方案的完成相比,其作用是辅助性的。在笔者看来,从理论上说,确权说更符合现代专利法的制度设计。权利要求书代表了专利权的保护范围,但权利要求书并不是固定不变的。这意味着:第一,它和不动产登记证书不同,后者的范围非常确定,其边界由数字划定,基本不存在解释的必要。而权利要求书必须通过解释才能划定专利权的范围,因为专利权保护的技术方案往往非常先进,而现实生活中的语言往往落后于技术,此时专利法允许发明人使用新术语对其发明创造进行描述。显然,技术方案导致了权利要求书的解释,这是确权说

〔1〕 [英]洛克:《政府论》(上),翟菊农、叶启芳译,商务印书馆1964年版,第69页;[英]亚当·斯密:《国富论》,唐日松译,华夏出版社2012年版,第263页。

的前提。第二,权利要求书除了需要解释产生了变动之外,还因为适用等同原则扩大了权利要求的范围。这意味着,尽管在权利要求书中没有记载的技术方案,也有可能纳入保护范围,理由是它和技术方案是等同的方案。这也反证,确定专利权保护范围的实质要素不是权利要求书,而是获得专利权的技术方案。第三,说明书对权利要求书发挥着限定作用。尽管从法条看,权利要求书是确定专利权保护范围的文件,说明书是为了说明技术方案的实施例。但是,如果在说明书中公开了的方案没有被记载在权利要求书中,就被视为捐献给了公众。上述三个理由说明,专利法设置权利要求书和说明书的分工,主要是基于技术方案本身存在模糊性,有其自身难以确定的局限。这两个文件只是为了向社会公众公告专利权的保护范围,其基础仍然是专利权保护的技术方案。

## 三、捐献原则与公有领域理论

### (一)专利法上的公有领域

专利法上的捐献原则,背后隐含了对公有领域(common)维持的肌理。在财产史上,公有领域划定的是一个不能被个体私有的领域,它向所有人开放,任何人均可使用,但不能据为己有。在知识产权法上,关于公有领域的研究较为成熟。[1] 就其来源而言,它被认为源于罗马法中关于公有物(res publiae)和共有物(res commons)这些为社会所有人共同使用的财产。尽管现在公有领域被描述为一个全人类集体劳动所创作出的全球性实体,但它在普通法上最初被指涉的是已经归属于某个人的领域,只是后来在自然法学家的解释之下,公有领域才具备了现

〔1〕 参见李雨峰:《版权法上公共领域的概念》,载《知识产权》2007 年第 5 期;冯晓青:《知识产权法的公共领域理论》,载《知识产权》2007 年第 3 期;黄汇:《版权法上的公共领域研究》,法律出版社 2014 年版。

在的这种寓意。[1] 有学者在概念上区别了知识共有和公有领域,认为相对于公有领域,知识共有在知识产权法上更具有建设性。其按照自然法学家的思维,将共有划分成了三种模式。首先,为消极共有和积极共有。消极共有指资源在起初不属于任何人,但任何人都可以利用的共享形式;积极共有是指资源共同属于全体有共有权的人,任何人对这种资源的使用必须得到全体共有权人的一致同意。其次,从排他性的角度看,又可以分为包容式共有和排他式共有。包容式共有的普遍性表现在它包容所有共同,而不论这些个体的地理位置、种族和文化;排他性共有指的是对资源的利用要在一个特定群体内。按此思路,知识产权形式的选择就是共有形式的选择。最后,按照知识产权法的价值目标,选择积极共有更能说明当代知识产权制度的正当性。[2] 尽管如此,下面论述的公有领域的功能与共有知识的论证还是存在融合性的。本书所讨论的公有领域,与哈贝马斯讨论的公共领域(public sphere)也有所区别,后者主要讨论的是介于政治国家和市民个人之间的一个具有特定政治功能的领域。而这里讨论的公有领域,主要是和知识财产的私有相对的一个概念。

无论专利法的起源为何,就目前来看,它主要存在于市场,是企业主体从事创新进行竞争的一种规范。在市场社会中,模仿竞争是常态。一件新产品、一种新方法面世之后,其他竞争主体纷纷模仿,由此降低了产品价格,提供了消费者福利。这是自具有市场以来的规律。只是在某些特殊的情况下,为了保证企业收回其开发新产品、新方法的投资,法律才赋予其一定程度的垄断权。在大多数情况下,市场主体可以随意使用市场中的新材料、新方法。这主要是因为,在市场中,大量的

---

〔1〕[澳]彼得·德霍斯:《知识财产法哲学》,周林译,商务印书馆2017年版,第67~68页。
〔2〕同上书,第68~75页。

科技要素要处于公有领域中,唯有如此才能形成竞争。

在专利法中,公有领域至少应当包括这些内容:(1)一些为技术开发提供基础支撑的理论等。如我国专利法规定的科学发现、智力活动的规则和方法等。这些理论知识尽管非常重要,非常有创新性,但任何技术的开发都离不开对它们的运用,如果对其赋予知识产权,就会导致技术开发受到影响。(2)没有新颖性、实用性和创造性的技术方案。这些方案早已经被他人开发出来,属于人类社会的必需品。如果把这类技术方案的产权给予任何个人,就会使其他竞争主体处于不利地位。而获得权利的企业并没有对此做出创造性贡献。(3)已过保护期的技术方案。这些方案曾经丰富了公有领域,是对已有技术的突破。为此,专利法对其赋予了垄断权。但这种垄断权是有期限限制的。这种期限和专利法上的三性相同,都是协调私有领域和公有领域的机制。专利三性的目的是防止发明人将公有领域的东西置于私有之中;而保护期的目的是保证专利权保护的技术方案最终落入公有领域中。(4)违反国家法律、公共道德和善良风俗的技术方案。(5)尽管属于应当保护的技术方案,但没有被写入权利要求的技术特征(如被视为捐献的技术方案)。这些方案并不是没有进步性,而是因为一旦对这种方案授予专利权,要么导致国家安全受到影响,要么导致社会风气的败坏,如用于赌博的发明创造。

(二)专利法上公有领域的功能

公有领域首先是一个不能被个体私有的领域,在这个领域,涉及的是更多数人的利益。公有领域主要指涉的是社会公众参与文化生活和分享科学进步的权利,[1]是人类精神生活满足程度的一个表征。[2] 在

---

〔1〕 吴汉东:《知识产权的私权和人权属性》,载《法学研究》2003 年第 3 期。

〔2〕 刘孔中:《论智慧财产权之一般理论》,载吴敬琏、江平主编:《洪范评论》第 14 辑,三联书店 2002 年版。

这个意义上,公有领域又不是简单的消极的不被保护的领域。就其功能而言,公有领域至少履行着积极的功能。

公有领域是包括专利法在内的知识产权法的基础。与有体财产类似,公有领域首先是一个不被任何个体私有的领域,如公园、广场等。在这个领域,任何人均可使用,但不能排斥他人。但与有体财产不同的是,知识产权法上的公有领域还是私人产权的前提。众所周知,知识具有社会性的特征,任何人对外在世界的认识除了自己的亲身体验之外,更多的是来自他人的间接知识。这些他人的知识更多地处于不被垄断的状态,人人均可接触学习。试想,如果我们每一次知识的积累与学习,都必须取得他人许可并付出报酬,从总体上看,显然不利社会群体民智的开启。公有领域的知识构成了每个人学习和进步的基础。对于那些创新者而言,更是如此。无中生有的创新只是理想的模式,大量的创新都在学习他人知识的过程中被启发的。因此,每个创新者都是知识链上的一个环节,每个创新者都处在创新链上。[1] 前人的创新成果为后人的创新提供了基础,后人的创新开拓了前人创新的领域。在这个意义上,没有前人知识的公有领域,就没有创新者的个人产权。需要注意的是,正是立法者注意到了公有领域的这一功能,所以才非常谨慎,防止人们把公有领域的东西纳入私有领域。也正因如此,立法者在对创新赋予产权的时候,施加了独创性(著作权法)、显著性(商标法)、新颖性等(专利法)的要求。只有具备这些条件的创新知识才有资格获取知识产权的保护。

公有领域不仅为专利法提供了基础,还对科学技术的进步具有反哺功能。[2] 正是一个健康有力的公有领域才确定了人们的创造性。公

〔1〕 参见李雨峰:《版权法上公共领域的概念》,载《知识产权》2007 年第 5 期。
〔2〕 黄汇:《版权法上的公共领域研究》,法律出版社 2014 年版,第 118 页。

有领域一方面划定了专利权的范围,它防止把那些对所有人开放的技术方案被某些个体纳入私有领域;另一方面还给专利权的生成提供了基础。专利法规定了可专利性条件,借此可以防止把那些本该处于公有领域的东西纳入私有领域;同时,专利法还规定了保护期,经过一段时间之后,专利法保护的技术方案就又进入了公有领域。由此,形成了一个健康有力的公有领域。在这里,保护期的长短就非常重要。从立法目的上看,专利法确定的保护期本来是确保在这个时间内,专利权人能够收回其为技术方案所投放的研发成本(包括时间、经费、人力资源等)。然而,多长的保护期才是合适的并没有实证的经验依据。过长的保护期显然将天平倾向了专利权人,但有可能损害到公有领域;过短的保护期无法让专利权人收回创新的成本,挫伤发明人的创造积极性,无法为社会开发出更多的技术方案,最终仍会影响公有领域的建设。因此,保护期的长短对于公有领域具有重要的意义。从逻辑顺位上看,公有领域优于私有权利,是先具有了公有领域,才产生了专利权。在这个意义上,公有领域不仅具有消极的不被据为己有的蕴含,它还具有积极的正当性。专利权的制度设计应当以公有领域为依归,由此,才可以打破技术垄断并达到促进社会技术进步的效果。捐献原则将那些没有记载在权利要求书中但在说明书中公开的技术方案不予保护,是在制度上对公有领域正当性的证成。

## 小　　结

捐献原则对专利权保护范围的确定具有重要的作用,它限制了等同原则的无限扩大,既确保了专利的公开,保护了第三人的信赖利益,还对公有领域具有证成作用。如果说对技术方案授予专利权是一种财产的分配正义,捐献原则体现的就是关于财产分配的矫正正义。

# 第四章　捐献原则的法律构造

## 一、捐献原则的适用范围

从司法解释中捐献原则文义解释的角度看，我国专利法律制度中对捐献原则的适用采用的是当然捐献的态度，即不考虑其他因素，仅从说明书与权利要求书的文字外观对比，说明书中公开而权利要求书中未主张的部分一律进入公共领域，权利人不得对该部分主张专利权。

### （一）捐献原则适用的程序范围

#### 1. 捐献原则在专利授权阶段的适用

专利的授权、确权、侵权三个程序分属于专利权的形成、专利权的确认、专利权的保护三个不同目的下的独立程序，专利的复审程序视为授权程序的继续，亦为专利授权程序的一部分。上述三个不同的程序一般分由有关行政机关和司法部门负责处理：专利行政机关负责专利权的授予与确权，授予与确权行为同时需要接受司法监督，专利申请人因不服专利复审委员会（现为国家知识产权局专利局复审和无效审理部，为行文方便，本书仍称为专利复审委员会）作出的复审请求审查决定及专利权人或无效宣告请求人因不服专利复审委员会作出的无效宣告请求审查决定,均可向人民法院起诉;专利侵权诉讼时专利权的保护范围则以专利授权文本为基础,同时由主导司法程序的人民法院对权利要求进行解释,确定专利权利的保护范围,以作为侵权判定的基础。从专利授权的角度,专利审查以专利审查员检索到的现有技术为对比基础,而审查的难度随着现代计算机科学技术、生物工程技术、人工智能技术等领域的急速发展呈现越来越复杂的趋势,功能限定性权利要求、宽泛性权利要求等现代专利制度中特殊类型的权利要求对专利保护范围的首次确定更是提出了新的挑战。尽管如此,专利授权制度仍是基于一定期限内,在特定程度和范围内审查技术方案是否满足新颖性、创造性等专利性条件为要件,专利审查制度遵循的是适度性、经济性、高效性的原则,而并非以获得完美无缺的授权专利为根本目的。基于通过主观语言文字精准描述客观发明创造的现实困难,一项专利可能经过授权、确权以及侵权诉讼等多重行政及司法程序来不断地检视,从而调整、确定其保护范围。一旦发生侵权诉讼,权利要求在司法过程中接受二次解释是必然的过程。除非其专利已经在法庭上经受了检验(这样做就会给已经高昂的成本再增加负担),否则,专利权人无从确信它就是有效的。[1] 如果以初始授权即获得完美无缺的专利为目的出发进行制度设计,于社会成本而言并非最优选择。在有些国家的专利法律制度中,甚至还可以在一定时间内通过法定程序正当地扩大专利权利的边界,如美国和加拿大专利法律体系中的扩大型再颁专利制度。因之,专利权利保护范围的确定具有过程性和时间性。

围绕上述三个程序,都有权利要求的解释这一共同的核心问题。

---

〔1〕［澳］布拉德·谢尔曼、［英］莱昂内尔·本特利:《现代知识产权法的演进——英国的历程(1760－1911)》,金海军译,北京大学出版社2012年版,第97页。

一种意见认为,权利要求保护范围的解释原则在所有程序中均应该同一,在确定专利保护范围时,专利局和法院分别承担相应的责任,但应当采用彼此协调一致的立场,这有利于专利权人和社会公众对专利权的保护建立统一的预期,从而保障社会公众的可期待利益。[1] 另一种意见则认为,授权、确权及侵权程序解释目的不同,权利要求的修改自由度不同,应该适用不同的解释原则。授权确权程序中遵循宽泛性解释原则,侵权程序中遵循限缩性解释原则。[2] 美国专利商标局的《专利审查基准》(MPEP)"可专利性"一章中,明确"最宽合理解释"(Broadest Reasonable Interpretation)规则为专利审查程序中专利权利要求的解释方法,即权利要求书应参考说明书给出最宽合理解释,这一标准适用于专利审查、再颁、再审查等程序。[3] 美国联邦最高法院在 Cuozzo 案中进一步明确了在双方复审程序(IPR)中,USPTO 的专利审理与上诉委员会(PTAB)也可适用该原则,并对最宽合理解释标准进行了如下的阐释:"最宽合理解释对保护社会公共利益具有益处,使得审查员发现过宽的权利要求并驳回它的可能性更大,以此鼓励申请人撰写更精确的权利要求,这既有助于避免过于宽泛的权利要求,引导权利要求的撰写往更精确的方向,也有助于防止专利捆绑太多的其他知识,同时帮助公众从公开的发明中获取有用的信息,并更好地了解权利要求的合法限

---

〔1〕 翟昊辉、张鹏:《论专利说明书对权利要求保护范围的解释作用——以客观主义和主观主义的博弈为视角》,载《科技与法律》2014 年第 3 期。

〔2〕 参见冯美玉:《授权确权侵权程序中权利要求解释的原则》,载《河北法学》第 35 卷第 11 期;任晓兰:《授权、确权和侵权程序中权利要求解释规则的异同》,载《中国发明与商标》2016 年第 3 期;刘鹏:《不同程序中权利要求保护范围理解和解释的基本规则》,载《知识产权》2018 年第 12 期等。

〔3〕 参见 MPEP2111-Claim Interpretation; Broadest Reasonable Interpretation. 最宽合理解释不是任意性的"最宽",是指不能仅仅根据专利权利要求的字面语言进行解释,而应在专利说明书的视野内由所属技术领域的普通技术人员给予最宽合理解释。根据"最宽合理解释"标准的适用方法,对于权利要求中的词语,如果说明书有特别限定,则按照特别限定的含义进行理解;说明书无限定的,则按照所属技术领域的普通技术人员阅读整个专利申请文件后获得的通常含义(ordinary meaning)确定;既无特别限定的含义,又无通常含义的,才做最宽泛的解释。

制。”[1]另外,美国联邦法院在涉及专利侵权中,专利权利要求不进行最宽合理解释,采用在菲利普诉 AWH 公司(Phillips v. Awh)案中确定的普通字面含义解释(Plain and Ordinary Meaning,POM)原则,又被称为菲利普(Phillips)解释方法,根据权利要求文本、说明书及附图以及相关专利申请过程中的审查历史档案等内部证据确定权利要求中术语的含义,在必要时,专家证言、发明人证词、辞典、论文等外部证据才可被引入,此时不应当对权利要求进行宽泛的解释。[2] 在日本法上,也有学者认为,对于审查阶段和无效审判阶段、侵权诉讼中对权利请求范围的解释问题,应该按照不同的思路来对待。从激励申请人努力保持权利请求范围与发明的技术性范围相一致的角度出发,对于这两种情况也应理所当然区别对待。[3] 在说明书解释权利要求的具体规则上,在不同的阶段遵循上述不同的解释方向,符合专利权利不同阶段的状况。

从公开查询到的最高人民法院、北京市高级人民法院和专利复审委员会的一些案例来看,我国权利要求的解释方法类似于美国的做法,区别授权、确权程序和民事侵权程序而有细微差异。最高人民法院在“墨盒”一案的裁决中指出,专利授权确权程序与专利民事侵权程序中权利要求解释方法具有一致性的同时也具有差异性。[4] 在最高人民法院发布的2015年中国法院50件典型知识产权案例之一的一起专利行政案件中,最高人民法院指出,通常情况下,在专利授权确权程序中,对权利要求的解释采取最大合理解释原则,即基于权利要求的文字记载,结合对说明书的理解,对权利要求作出最广义的合理解释。[5] 在行政

〔1〕 In Re Cuozzo Speed Technologies,Llc 793 F.3d (Fed. Cir. 2015).

〔2〕 Phillips v. Awh Corp. ,415 F.3d 1303 (Fed. Cir. 2005).

〔3〕 [日]田村善之:《日本知识产权法》(第4版),周超、李雨峰、李希同译,知识产权出版社2011年版,第214页。

〔4〕 最高人民法院(2010)知行字第53号行政判决书。

〔5〕 最高人民法院(2014)行提字第17号行政判决书。

与司法双轨制的专利法律体系下，不同阶段的权利要求解释所遵循的规则应当具有一致性，或者不同的程序基于不同的目的应当有所区别，目前存在一定的争议。在授权程序采用最宽合理解释是基于此时专利处于尚未授权的状态，申请人在申请程序中能够继续修改权利要求的具体表达，较宽的解释方法的目的是最终获得与技术方案实质一致的专利保护范围，而并非无限制的最宽。在专利授权程序中，权利要求解释的价值取向是督促专利申请人修改完善专利申请文件以尽可能精确的措辞或术语来界定其保护范围。而在专利侵权阶段进行的权利要求解释，目的是对已获得授权的专利权利要求范围进行准确的界定，以符合授权时发明技术方案的真实技术状况。上述两个阶段稍有差异的解释原则实则是殊途同归地保证了专利制度的价值取向，通过专利申请文件而非技术方案本身划定专利权利的保护范围，但同时应当尽可能反映发明人的技术贡献。

我国关于权利要求解释的法律依据，主要是在现行《专利法》“专利权的保护”部分第 59 条。《专利审查指南》第二部分第 2 章第 3.2.2 节关于权利要求的表述是否清楚的部分，能够对授权阶段审查员理解权利要求的方式给予一定的指引，总的指导思路是尽可能详尽具体地限定权利要求的用语，其程度最好是如无必要，不用参详说明书为宜。[1] 捐献原则是基于权利要求与说明书之间未能产生的法律上的呼应关系而产生的专利保护范围的确定问题，在专利的授权阶段，权利要求书和说明书均可以根据审查过程中审查员对专利文件的修改意见修改，有时修改单纯可能以获得授权为目的。这一阶段仅是申请人与专利审查

〔1〕 具体表述如下：“权利要求的保护范围应当根据其所用词语的含义来理解。一般情况下，权利要求中的用词应当理解为相关技术领域通常具有的含义。在特定情况下，如果说明书中指明了某词具有特定的含义，并且使用了该词的权利要求的保护范围由于说明书中对该词的说明而被限定得足够清楚，这种情况也是允许的。但此时也应要求申请人尽可能修改权利要求，使得根据权利要求的表述即可明确其含义。”

机关就可能形成的专利权利保护范围进行协商的过程,此时并未产生具有公示效力的专利权,似乎不存在捐献原则适用的空间。但是,基于专利授权以权利要求书和说明书的审查为基础,捐献原则对专利授权程序仍然具有深刻的法律意义,它提醒申请人在初始划定自己的专利权利范围时,即秉持足够的谨慎与最大的努力撰写专利申请文件,避免申请人一部分的创造性方案因为撰写得不当和失误而进入公共领域。

2. 捐献原则在专利确权程序中的适用

基于主客观原因导致的专利授权可能出现的瑕疵甚至错误,专利法律制度同时设置了对授权专利的确权制度,即对已经获得授权的专利,基于他人对权利的有效性提出的异议,由行政机关进行行政复审及司法机关进行司法审查的制度。目前世界各国有如下几种主要形式的确权模式:一是司法确权模式,法院同时作为专利确权审查和专利侵权裁决的机关,代表国家有意大利、法国、英国等。二是行政机构确权模式,专利权的效力由专司其责的专利行政机关确定,典型的如中国。三是专利确权双轨制,专利确权既可以在行政机构进行,又可以在法院进行,如美国和日本。[1] 依据《专利法》第 45 条的规定,我国国家知识产权局直属的专利复审委员会负责专利无效宣告案件的审查。具体而言,针对已授权的发明、实用新型、外观设计三种类型的专利,无效宣告请求人可以向专利复审委员会提起无效宣告请求,专利权人作为无效复审另一方当事人答辩,由专利复审委员会居中裁决,进而作出维持专利权有效、宣告专利权全部或部分无效的审查决定。在无效程序中,专利权人不服相关行政审查决定,可以继续提起行政诉讼。

专利无效宣告程序是专利行政机关对前期审查授权行为的后续行政监督和纠错程序。在社会公众的监督与支持下,专利行政机关对已

---

〔1〕 张怀印:《美国专利确权制的分殊与协调》,载《电子知识产权》2018 年第 5 期。

授权专利是否符合专利法的规定以及专利权的权利范围是否适当进行再次审查,纠正不当授权,维护社会公众的利益。[1] 在无效宣告程序中,专利权人可以按照法律规定对专利文件作适当的修改。当然,可以修改的程度与方式基于法律规定的区别对专利权效果的影响有较大差异,主要不同在于确权程序中权利人对申请文件修改的自由度有所不同,我国的无效程序中专利权人对权利要求修改自由度很小,在 2017 年修订的《专利审查指南》中,尽管较之前的修改规则进行了放宽,但也仍然限于在权利要求中的特征之间进行合并从而缩小保护范围。总而言之,专利确权作为一种行政补救程序,同时给予相关公众及专利权人对专利权利的效力、范围进行再次审视的机会,并结合专利权人所作的修改进行再审查,或直接否定、部分否定专利权利的效力,或维持专利的效力,都是提高专利权利稳定性的路径。权利要求解释在确权阶段的价值导向在于,既要考虑已授权专利权利要求的公示作用,又要考虑其实际技术贡献,从而更好地在保护专利权人的创新与权利要求公示作用所体现的保障公众合法权益之间维持平衡。[2]

依据《专利法》第 39 条发明专利审查、生效的规定,尽管基于司法解释的规定,捐献原则源于专利侵权程序,但在专利确权过程中,遇到说明书和附图中有明确描述的技术方案而权利要求中未记载的情形,同样需要先对专利权保护范围进行明确,才能更有效地确定权利要求中的区别技术特征。将捐献原则引入专利确权过程有其必要性。“明确和细化专利权利要求解释规则,努力实现专利无效行政程序和民事程序权利要求解释的一致性和协调性”是最高人民法院强化知识产权司法保护的重要理念。专利权授予后被推定为有效,即便已经进入无

〔1〕 董涛、王天星:《正确认识专利权效力认定中的行政/司法职权二分法》,载《知识产权》2019 年第 3 期。

〔2〕 刘鹏:《不同程序中权利要求保护范围的理解和解释的基本规则》,载《知识产权》2018 年第 12 期。

效程序甚至可能在该程序中其效力被否定，但在相关专利权被确认无效之前，其排他性权利的范围仍然依据授权专利权利要求书文本划定。确权程序作为对已授权专利效力状态的检视，针对的是已经具有法律效力的专利，相关专利的稳定性与公示性已经通过公告的专利文本在专利初始授权行为中产生，公众基于行政授权行为产生了相应的信赖利益，非经特别的程序与充分的依据不得轻易改变和否定授权行为的效力，因此捐献原则在我国的专利确权程序中亦是应当予以引入适用，其相应的法规规范基础，笔者在本书的最后一章予以进一步阐释。

3. 捐献原则在专利侵权程序中的适用

发明、实用新型和外观设计等在获得授权之前无法产生真正法律意义上的专利权，也就不具有相应的法律效力，自然也就不存在效力否定的问题。专利的效力否定发生在专利被公告授权以后，且无效的程序往往与专利面临的相关侵权纠纷交织，专利民行程序交叉具有一定的普遍性。如前所述，在行政程序和司法程序中对权利要求的解释有细微差异而又目的性一致，这种差异在实践中表现为专利行政程序的焦点“集中于新颖性和创造性的评价”，即专利符不符合规定的授权条件，专利民事案件的争议焦点集中于“技术特征划分和权利要求解释”。对专利无效行政程序和民事侵权程序权利要求保护范围的差异，有学者将其归结为，“专利行政程序对权利要求理解的重点是技术内容，而非确定权利要求的实际保护范围”。[1] 一般而言，专利权利要求的记载事项与说明书、附图的配合关系有如下几种情形：一是专利权利要求的文字含义清楚明确，说明书及附图的记载与权利要求书配合一致；二是专利权利要求的文字含义未能清楚明确地直接表述其保护范围，参照说明书或附图记载事项后可以对权利要求作出合理的解释；三是专利

〔1〕 黄丽君：《二维体制下的权利要求保护范围》，载《法学杂志》2019年第1期。

权利要求的文字含义字面表达其内容，但结合说明书或附图记载事项，权利要求未适当地概括说明书的内容。当权利要求书所载内容与说明书所载内容不完全对应时，授权审查阶段，就会出现应以哪一内容作为专利要件之审查对象的问题；无效阶段与侵权阶段，就会出现应以哪一内容作为专利发明的技术范围的问题。捐献原则解决的更具体的问题是，权利要求书记载的技术范围比说明书、附图等记载的范围更小时的情形。日本权利要求保护的范围指涉的是专利发明的技术范围，对此范围的确定曾存在两种意见：一种意见认为，发明的技术范围只限于权利要求记载的内容；另一种意见认为，发明的技术范围通过包含发明详细说明的说明书等整体来判断。倾向于后者的最极端的理念认为专利的技术范围不过是发明的单纯索引。关于这点，现行日本专利法规定发明的技术范围必须根据权利要求的记载范围来确定。因此，对于发明的详细说明部分记载而权利要求范围中并没有记载的内容，是不包括在该专利要求保护的技术范围内的。〔1〕在日本的专利法律及案例中，未见到关于捐献的概念，但解读其专利法中的记载要件规则以及发明的技术范围确定的法律规定，如果发明专利请求范围的记载比发明详细说明中记载的发明范围窄，即使对申请人有所不利，但原则上也不影响发明专利请求范围记载的合法性。〔2〕由此，日本专利法律制度中实际也是包含了捐献原则的内涵。

在专利民事侵权程序中，权利要求解释的价值导向在于，对一项具有技术贡献的发明匹配合理的保护范围从而作出被诉侵权技术方案侵权与否的判断。所谓合理的保护范围就是基于一系列相关权利要求的

〔1〕王海玲、周宏卉、方慧聪：《浅析日本关于权利要求用于解释的规定和实践》，载《中国知识产权报》2017年5月5日，第4版。

〔2〕［日］曾井和夫、田村善之：《日本专利案例指南》，李扬等译，李扬、许晴较，知识产权出版社2016年版，第94页。

解释原则对既有权利要求的解读。准确适当地解释权利要求以确定专利权的保护范围是法院的职责，专利权人获得的保护与其反映在专利权利要求中的内容相称，同时应当尊重经过专利审查授权所划定的权利保护范围，不能通过对权利要求书的解释实际上将并未经过授权审查的技术方案囊括其中，从而实质上改变权利要求的范围。同时，也应当考虑权利人的实质贡献。当然，专利侵权阶段权利要求的解释另一突出特征，是无法避免地会将被控侵权技术方案作为隐形的考量因素。专利文书由申请人自行撰写并经过相应的审查程序保证其符合专利权的形式要件与实质要件，申请人在说明书中公开的技术方案，而未在宣誓其权利的文件——权利要求书中主张，从公众的直观推论来看，申请人并未打算将其作为专利权利予以保护。司法解释中现行捐献原则的适用，就是将专利人本来可以主张而未主张权利的部分视为专利权人主动的放弃。

捐献原则在专利民事侵权程序中将权利要求朝着更小的保护范围的方向解释，而在确权过程中又不按照捐献原则的进路确定权利要求的内容，权利要求朝着更大保护范围的方向解释，那么授权专利的稳定性与授权行政程序的法定效力性都会落空。专利的确权程序和专利侵权程序中适用捐献原则应当具有一致性。除了采取有效措施提高专利行政案件审理效率之外，尽快稳定专利权效力状态，为民事侵权案件的审理提供良好的权利基础尤为重要。另外，应当明确和细化专利权利要求解释规则，努力实现专利无效行政程序和民事侵权程序权利要求解释的一致性和协调性，确保专利权的保护范围与其技术贡献一致。合理强化特定情形下民事程序的优先和决定地位，促进民行交织的知识产权民事纠纷的实质性解决，对后续行政纠纷的合理解决形成引导，才能彻底化解矛盾。因此，在先的专利民事侵权案件对特定专利权利要求有明确解释的，后续的专利无效行政程序在解释同一专利权利要求时应予参考。[1] 在专利效力判断与侵权认定两大程序及裁判标准分立的双轨制下，提出以司法保护为主导，强调民事程序中对权利要求范围确定的重要性乃至优先性，可以通过民事司法程序中专利权利范围及效力状态的认定，部分解决专利循环诉讼的问题。

（二）捐献原则适用的专利类型范围

捐献原则源于美国的司法创造，在美国联邦最高法院 1881 年审理的米勒案中，[2] 为限制原告通过扩大型再颁专利扩大专利权的保护范围，美国联邦最高法院指出，对一个具体的设备或者设备组合的权利要求（实施例），以及专利权人对与专利权利要求相近的其他设备及其组合的权利要求的忽略，从法律上讲，都捐献给了公众。这是一种宣言，专利权人没有主张的要么不是他的发明，要么就捐献给了公众。我国最高人民法院民三庭负责人在对关于捐献原则的答记者问中，也采用了这一观点。在实践中，申请人为了容易获得授权，对权利要求采取下位概念，尽量小地要求保护范围，而在说明书及附图中又可能尽量多地罗列实施例。在获得授权后的诉讼中，专利权人又会利用等同原则将说明书中的内容进行扩大。这对第三人是不合理的。为了防止这种两头得利的情况，我国最高人民法院在司法解释中吸纳了捐献原则。有人指出，既然最高人民法院设立捐献原则的目的是防止在专利实质审查阶段申请人为了获权缩小权利要求而在授权后通过等同原则扩大权利要求的做法，这一原则就不能适用实用新型专利。毕竟，在我国实用新型专利无需经过实质审查。[3] 有意思的是，我国既有的涉及捐献原则的案例有许多恰恰又与实用新型专利有关。本书认为，就捐献原则

---

[1] 参见罗东川：《建立国家层面知识产权案件上诉审理机制　开辟新时代知识产权司法保护工作新境界——最高人民法院知识产权法庭的职责使命与实践创新》，载《知识产权》2019 年第 7 期。

[2] Miller v. Brass Company, 104 U. S. 350 (1881).

[3] 李洪江：《捐献原则在司法审判实践中适用的再思考》，载《实施国家知识产权战略，促进专利代理行业发展——2010 年中华全国专利代理人协会年会暨首届知识产权论坛论文集》。

而言,它解决的是说明书和权利要求的关系,是在授权之后防止专利权人的出尔反尔,和专利的实质审查无必然关系,因此,本书认为,即使对于没有经过实质审查的实用新型专利,也存在适用的空间。

(三)捐献原则适用的主动性

如前所述,捐献原则应当同时适用于专利授权、确权与侵权程序中。区别在于,在专利保护阶段权利要求的解释必须使专利权的范围确定且清晰。而尚在审查阶段的待授权专利,权利要求的范围仍在形成发展中,该过程常常需要专利申请人修正或完善其发明用语的含义,以达成授权机关的审查要求并最大限度形成与发明贡献相符的权利要求书、说明书及附图等专利文本。在直接产生确定专利权利保护范围的法律效果这一意义上,捐献原则同时也可作为权利要求的解释规则,在专利确权或民事侵权诉讼程序中适用。专利权利系一项财产权利,专利申请人向国家专利授权机关提交申请并获得正式授权后,视为专利权人与代表社会公众的行政授权机构之间达成契约,这份契约的内容非经法定程序不得变更或撤销。按此,民事侵权诉讼中与专利权人相对的另一方当事人并无选择权以确定是否主张捐献原则的方式扩大或缩小专利权利的保护范围。与诉讼时效之类的抗辩权不同,诉讼时效抗辩权本质上是义务人的一项民事权利,义务人是否行使,是民法意思自治原则的基本要求。当事人根据实体法上的诉讼时效抗辩权在诉讼中提起的诉讼时效抗辩是实体权利的抗辩,是需由当事人主张的抗辩,当事人是否主张,属于其自有处分的范畴,司法也不应过多干涉,这是民事诉讼处分原则的应有之义。[1] 在民事诉讼中,抗辩权是当事人针对相向对方所主张的法律效果作出的否定性陈述,实体上的抗辩权

〔1〕 宋晓明、刘竹梅、张雪楳:《解读〈关于审理民事案件适用诉讼时效制度若干问题的规定〉》,人民法院出版社2011年版,第67页。

一般是指向相对方的权利而非事实。[1] 按此,捐献原则不应当是一项需要由当事人进行主张或抗辩才可适用的法律规则,而是在诉讼中由法院作为审查主体在确定专利权利要求保护范围时,发现权利要求书与说明书、附图在相互支撑关系上出现问题时,予以主动适用的规则。

可以同时对比一下禁止反悔原则的适用,通常认为,当事人(一般是被控侵权方)提出禁止反悔原则的抗辩,并由被诉侵权人提供专利申请人或专利权人反悔的相应证据,法院方予以适用。这一认知的理由,基于禁止反悔原则涉及专利授权程序与民事侵权诉讼程序,其对比的依据包括申请过程中的档案记录等材料,仅仅是从证据的角度,需要一方当事人出示。2018 年年末,国家知识产权局对颁发的专利证书及专利证书副本进行了再次改版,在证书正面原印花税标的位置增设二维码,可以通过移动终端快速扫描获得专利信息与技术内容。2020 年 1 月 23 日,国家知识产权局 349 号公告通知,对授权公告日在 2020 年 3 月 3 日之后的专利电子申请,对其颁发电子专利证书。上述的变化与趋势表明了获取相关专利信息的便捷程度随着信息科技的发展只会是逐步提升。在相关的案例中,最高人民法院也已经明确法院可以主动适用禁止反悔原则。[2] 最高人民法院《关于审理侵犯专利权纠纷案件应用法律若干问题的解释(二)》(以下简称《专利法司法解释(二)》)拓宽了权利要求解释的相关文档范围,涉案专利相关的分案申请的审查文档(包括专利审查、复审、无效程序中所有文档记录)以及行政诉讼程序中生效的专利授权确权行政裁判文书,都可以作为解释权利要求保护范围。禁止反悔原则体现了专利法律制度虽然分离了专利授权机

〔1〕 邹碧华:《要件审判九步法》,法律出版社 2010 年版,第 98 页。

〔2〕 上海市高级人民法院(2009)民申字第 239 号民事裁定书:禁止反悔原则是对认定等同侵权的限制。现行法律以及司法解释对人民法院是否可以主动适用等同原则未作规定,为了维持专利权人与被控侵权人以及社会公众之间的利益平衡,亦不应对人民法院主动适用禁止反悔原则予以限制。

构、程序与专利保护机构、程序，但这两个阶段在确定专利权利保护范围一致性上应当有同一的标准。最高人民法院在皇家飞利浦有限公司诉超人集团有限公司一案中指出，权利要求的解释，应该从本领域普通技术人员的角度出发，结合专利说明书及附图、专利审查档案等进行整体理解，不能机械解读或者望文生义。还应注意的是，权利要求的解释应该得到说明书的支持，不能脱离说明书或者与说明书公开的关联内容相互矛盾。权利要求的解释以及对被诉侵权产品是否具备权利要求相应技术特征的判定，属于法律问题，人民法院可以依职权对之作出认定，不受当事人诉辩主张的严格限制。当然，在解释权利要求和侵权比对的过程中，对于当事人没有提出的诉辩主张，审理法院认为确有必要作出审查认定的，应该及时释明并给予当事人发表意见的机会。如果审理法院对于权利要求的解释作出的结论与当事人双方争辩的焦点不同，且影响侵权判定结果时，应尽可能以适当方式释明，引导当事人对此发表针对性意见，以便更好地保障当事人有效地行使辩论权。〔1〕 在当然捐献的进路下，权利要求书与说明书、附图等进行对比就可以确定是否构成捐献，这是解释权利要求的必要步骤，而不以当事人主张与否为前提。因此，捐献原则可以由行政或司法机关主动适用。

## 二、捐献原则的法律构成和法律效果

说明书中公开而权利要求书中未主张的技术方案适用捐献原则需要满足一定的法定构成要件，结合司法解释的相关规定、司法实践中已经细化的裁判规则及捐献原则的功能和价值，捐献原则的法律构成包括下述相关内容。

〔1〕 最高人民法院(2016)最高法民再127号民事判决书。

### (一)捐献原则的主观要件

#### 1. 推定的主观要件

捐献原则适用的主观要件是指对专利申请人主观意图的考虑,对在说明书及附图中公开而未在权利要求书中主张的技术方案,申请人对该部分内容的真实意图能否产生法律上的后果。按照我国《专利法司法解释(一)》的规定,只检视权利要求与说明书等专利文件的客观内容,采用完全的外观主义,不考虑申请人的主观意图,或者就此推定申请人的主观意图是放弃未主张的技术方案。我国专利法律制度将权利人公开而未主张的权利内容视为抛弃物,严格来说,是采用了当然捐献的进路,将权利要求书独立地作为宣示化的专利法律文件,而将说明书中披露的为权利人所有但未主张权利、同时满足可专利性的技术方案去财产化。美国联邦最高法院在强生案中的意见指出,被视为捐献的方案,应当是专利权人"有意的抛弃"。"捐献"一词,在汉语意义上为无偿的奉献,本就指示着权利人主动的意思表示。而从一般的法律原则看,权利的放弃也宜采用明示的方式。有关抛弃的例子,最明确的就是当一个占有人故意"扔掉"该财产,其实就是自愿地让它回归到公共资源中。有时,抛弃财产的意图可以从占有人对该财产使用的疏忽中推断出来。占有人的疏忽大意,既通过其行为表示该财产对他而言无甚价值,也给潜在的拾得者造成了这样的印象,以为该财产实际上已经被抛弃。在这些情况下认定财产已经被抛弃,就变成减少交易成本的一种方法。[1] 在当然捐献的进路下,捐献原则适用的主观要件可以理解为申请人或权利人主动地放弃,而且认可这种放弃采用默示的方式即可,即通过专利文件本身就推定了主动放弃的意思表示。

---

〔1〕[美]威廉·M. 兰德斯、理查德·A. 波斯纳:《知识产权法的经济结构》,金海军译,北京大学出版社2016年版,第37页。

英国有学者在论及知识产权现代法与前现代法区别时认为，知识产权现代法与前现代法区别的一项要点在于登记在这两种制度中所起的作用，指出无论在其前现代抑或现代形式上，登记对于无体财产的确认都起着一种最重要的作用，根据现代法，它越来越多地依赖被保护对象的表述（representation）而非该对象本身，因此，登记就起着另一个重要作用：管理和划定无体财产的界限范围。〔1〕 而登记的公示性的意义在于，不去探究行为人内心的意思，而是其所表现出来的社会公众按照相应的规则所理解到的意思，捐献原则的适用即严格回应了专利制度中权利要求书的功能定位。然而，我国专利制度中没有相应的对权利人技术贡献保护不周的授权后补救程序，当然捐献进路是否过于严苛值得思考。在申请日提交的说明书对发明内容予以固定之后，本领域普通技术人员能够从说明书公开的内容中合理概括得出的内容均属于申请人或者专利人已经做出的技术贡献，申请人或者专利权人当然可以在此范围内撰写权利要求，确定其要求的保护范围，划定和公示其与他人及公共领域的边界。发明人所获得的保护范围与其做出的技术贡献不相适应，甚至丧失保护，不符合比例原则。〔2〕

2. 判定的主体标准

与其他法律行为构成要件不同，专利制度中关于主观要件问题还包括判定主体是谁的问题。通过对说明书及附图的查阅，即可理解相关的技术方案并可以达到实施的程度。对技术方案评价视角，是以该领域的普通技术人员的认知能力为基础。在前述第一章权利要求的解释部分中关于权利要求解释主体的论述中，已涉及贯穿专利制度始终的本领域技术人员这一拟制主体。“本领域技术人员”在专利授权、确

---

〔1〕 ［澳］布拉德·谢尔曼、［英］莱昂内尔·本特利：《现代知识产权法的演进——英国的历程（1760－1911）》，金海军译，北京大学出版社2012年版，第5页。

〔2〕 朱理：《专利文件修改超范围的判断标准及其救济方案》，载《专利代理》2016年第2期。

权及侵权程序中都起着无可替代的作用，它既是授权程序中评价创造性的标准，也是专利侵权诉讼中摆脱权利要求的文字迷雾、聚焦技术实质的钥匙，是专利法律制度中最为重要的连接技术视角与法律视角的桥梁。本领域技术人员本是臆造的产物，它是建立在我们对许多判断者的要求的基础之上假设的人，并不像具体的发明者一样是实际存在的人，各国的专利法律制度都认可上述假设。[1] 本领域技术人员像民法中的过错这个概念一样，是由想象而来的，想象是由有联系的观察和经验综合而成的，观察和经验是确实存在的，概念却只是经验的产物。[2]

设定这一概念的目的是避免审查员的主观意志影响判定标准的统一性。由于专利授权审查一般会根据不同的技术领域如电学、工程学、化学等技术背景进行分类，专业背景的类似或趋同对于本领域技术人员的角色代入提供了直接的智识来源。困难的是，法官多数情况下是法律素养的拥有者，却并不一定具备特定的技术知识，或者说不可能具备各领域专利案件所需的技术背景知识，专利案件的法官需要依据不同的专利案件将自己拟制成各个相关领域的一般技术人员。参照相关审查指南的标准，本领域技术人员是和技术发明人、相关技术方案研发的竞争者等同处于一个技术领域并具有略低技术水平（不具有创造性）的主体，其关键点在于本领域技术人员可以视为技术共同体的一部分。借由此径，在技术共同体中，大家对有争议性的权利要求用语，可能有

---

〔1〕《欧洲专利局审查指南》C－Ⅳ 11.3 规定，“本领域技术人员被假定为一个普通的从业人员，他知道在相关日期本领域公知常识。假定他了解技术状况的全部，尤其是检索报告中引用的文献，能够熟练地使用各种工具并进行常规的工作和实验。如果问题本身促使本领域技术人员去其他领域寻求解决方案，其他领域的专家是有能力解决这个问题的人，评价解决方案是否涉及创造性步骤时，必须基于专家的知识和能力。有时，从一组人的角度去考虑比从一个人的角度考虑更恰当，比如一个研究和生产的团队。这可能适用于某些尖端技术（比如计算机和通信系统）或者高度专业化的程序中（例如集成电路或复杂的化合物的商业生产等）”。我国《专利审查指南》中也有类似规定。

〔2〕石必胜：《专利的创造性判断比较研究》，中国政法大学 2011 年博士学位论文，第 63 页。

约定俗成的统一意见，或者有普遍的认知路径。如 Newman 法官强调的，解释权利要求并非厘清具体词句的意义，"而是确定在某一特定的技术领域里，这些语词是如何使用的、具有怎样的含义"[1]。另一个不容忽视的方面，说明书或权利要求书中也存在诸多不以技术含义为基础的表达，如非发明（non-invention）的特征。通常，发明的技术特征是指产生直接发明技术效果的，对发明的技术性质（technical character）做出贡献的特征，而非技术特征是指涉及专利法排除主题的非发明的特征。[2] 非发明特征并不是技术方案，但其作为写入权利要求的特征，在确定专利权的保护范围时，仍然是不容忽视的具有限定性作用的内容。对这部分的理解，笔者认为，从一般法律文件的文义理解、整体理解等纯粹的法律路径为优先，应当更为符合法官的思维方式。"基本上等于""接近""非常接近"等表述方式在有些类型的权利要求中无法避免，对这类用语的理解首先亦是符合一般常识、常理及法律逻辑，再结合相关技术习惯、技术文化、行业惯例。在专利法或者说在许多的其他法律制度中，法律语言的表达都有局限性，这并不因为技术条款或非技术条款而有所区别。法官拟制为本领域技术人员，仍然也会代入自己的背景知识乃至技术偏见，甚至不同层级的法官如何思考在不同的司法制度下都是值得关注和探讨的问题。如果在具体案件中，审查员和法官又非要把它作为实际存在的主体予以对应，提出本领域技术人员是什么等类似的问题，回答这一问题无疑会非常困难。因此，关于判定捐献原则的主观标准，从法教义学的角度，只能提出路径式的指引规范。法律借由本领域技术人员将专利权人用语的意义与一个在发

[1] Hoechst Celanese Corp. v. BP Chems. , Ltd. , 78 F. 3d 1575, 1580 (Fed. Cir. 1996).

[2] European Patent Office, Case Law of the Boards of Appeal of the European Patent Office, 2013, p. 9.

明当时熟悉该项技艺者的理解捆绑在一起,努力地寻求可预测性。[1]

（二）捐献原则的客观要件

如果没有明确统一的适用标准,会使捐献原则的适用没有预见性,也会造成申请人在撰写和申请程序中的困惑。在侵权诉讼中,也会因缺乏预见性、确定性的依据,造成裁判的不统一。捐献原则指涉的被捐献的部分是说明书和附图中公开而权利要求书中未记载的技术方案,这部分技术方案从理论上说是权利人实际已经掌握且如果经过授权审查程序,实质上能够获得专利权保护的技术方案。捐献原则的适用重点关注的是到底是什么被捐献给了社会公众而不能成为专利权人权利的范围,即应当澄清说明书中何种性质、方式及程度的公开会触发捐献原则的适用。

1. 技术方案的充分公开化

专利,从其真正本质上看,受到公共利益的影响。专利申请被审查时,只有在专利局知晓并评价所有的对于专利权有实质意义的信息的情况下,公共利益才能被满足且最为有效的专利审查得以进行。[2] 因此以现有技术为基础的专利审查机制实质是以"公开换保护",权利人以技术方案的公开交换一段期限内对该技术方案的垄断性权利,因此,在授权阶段的审查要求中重要的一项即包含对技术方案公开充分与否的判断。虽然审查员审查的重点是权利要求,但专利申请人对技术方案的公开方式和内容直接影响专利权利的范围。审查员在审查说明书是否符合《专利法》第 26 条第 3 款的规定时,权利要求所体现的技术方案是审查的基础。对于权利人主张权利的技术方案,说明书及附图中

---

〔1〕 Martin J. Adelman, Randall R. Rader, Gordon P. Klancnik:《美国专利法》,郑胜利、刘江彬译,知识产权出版社 2011 年版,第 157 页。

〔2〕 李越、温丽萍:《中美欧与专利公开有关的法定要求的比较与借鉴》,载《中国发明与专利》2013 年第 2 期。

应当有清楚、完整的说明，使相关技术领域的普通技术人员能够实现该发明，这是专利权公开与垄断之间的意义。

一般而言，权利要求书与专利说明书的对应关系有如下几种情形：一是专利申请人在说明书中公开的技术方案在权利要求中适当、完整地被主张，该项授权专利的稳定性与确定性均属较佳，围绕该项专利技术的周边研发也易于展开；二是说明书中没有充分公开的技术方案也被授予专利权，此类专利权可能在后续被宣告无效，也阻碍了社会公众在该发明基础上的改进；三是可能引发捐献原则适用的说明书中公开的技术方案内容大于其权利要求书中主张的专利保护范围情形，公开而未主张权利的那一部分内容，容易在后续的许可、侵权诉讼中引发争议。专利权利作为一种私权，权利人有充分的自主权进行处分。基于专利审查的规定，说明书公开的范围与主张的专利保护的范围的一致性并非审查的要点之一。按此逻辑，无论是基于申请人的主观意图或其他疏忽、失误，权利要求中没有要求保护说明书中公开的技术方案时，按照权利与义务的关系，申请人在说明书中也无义务对其作出清楚、完整的说明。权利要求书的“清楚”，侧重于从法律角度要求权利要求的表达能指向明确的保护范围；说明书中所要求的“清楚”，侧重于要求从技术角度清楚说明技术方案如何实现；前者关注法律性，后者偏重技术性。而根据捐献原则，说明书和附图公开而权利要求未要求保护的技术方案，不能成为权利人专利的保护范围，其反面的逻辑是如果该方案在权利要求中明确主张了，是能够获得专利授权的。因此，如果不是已然充分公开的技术方案，本领域技术人员甚至需要进一步的思考与研发才能获得技术启示，对增加知识富余可能没有价值或仅具有较低价值，无所谓捐献的问题。

2. 技术方案的完全特定化

《专利审查指南》中对技术方案的界定如下：技术方案是对要解决

的技术问题所采取的利用了自然规律的技术手段的集合。技术手段通常是由技术特征来体现的,其实质是为了解决某特定的技术问题,采用特定的技术手段并获得相应的技术效果。捐献原则所涉的说明书及附图中公开的技术方案,应当具有相对的独立性,意即该部分技术方案能够独立地解决某一技术问题并获得相应的技术效果,或许是解决发明要求目的的其他技术手段、其他方法、其他物质等。美国联邦巡回上诉法院有如下表述:"专利权人在说明书中公开的技术方案,可以作为权利要求中主张的技术方案的替代方案,且予以特定化的情形下,捐献原则得以适用。"〔1〕

具体而言:第一,避免将在专利说明书中简单提及或仅仅作为一种可能性的技术方案作为捐献原则考量的对象。说明书的目的是告知第三人按照说明书的方案即可进行生产、制造,产生发明相应的技术效果。如果说明书中被视为捐献的技术方案不够具体,而只是一个概念、任务、设想,甚至只是一种可能性,没有提供相应的技术手段,本领域的技术人员无法实现,显然不能认为权利人捐献了什么技术方案。第二,被捐献的方案必须明确。如果说明书中给出了技术手段,但该技术手段含糊不清或者不能完成预期的效果,也不能被视为捐献的对象。如果说明书只是公开了类概念,并不意味着此概念下的所有属概念都捐献给了社会。当本领域的普通技术人员在简单阅读说明书后,可以清晰地理解相关技术方案并予以实施,才可适用捐献原则。尤其是当涉及生物技术和化学等领域,上位概念有时甚至包括数以百万计的下位具体概念。在一个参数范围内选择最佳的数值通常属于普通技术人员的范畴,但当可能性的数量巨大或者该范围内的一种组合产生的结果

〔1〕 PSC Computer Products Inc. v. Foxconn International Inc. ,335 F .3d,p. 1353(Fed. Cir. 2004).

出人意料时,发现最佳的具体概念对于熟练人员来说并非易事。[1] 因此,只有本领域的普通技术人员在阅读说明书后可清楚详细地理解相关主题。换言之,即当相关技术档案在说明书中有清楚、明确、具体的描述时,才可适用捐献原则。第三,主体形式不相同的替代方案,不能作为捐献原则的适用对象。捐献原则的实质是,如果发明人能够享有专利发明技术的某一特定技术变体(a particular variation),但是其在专利权利要求书中没有要求对该特定技术变体进行保护,即在专利权利要求中没有记载该特定技术变体,那么该特定技术变体便进入公共领域。[2] 意即即使说明书中披露了某一技术主题,但说明书中提及的该主题的用途或方法,并非解决或替代涉案专利权利要求中的技术特征,就不属于专利权人明确地提出了权利要求中技术特征的另一方案,属于功能形式上不同的替代,不能视为"某一技术特征的替代方案进行特定化的情形",不符合捐献原则的适用标准。第四,公开应当完整包含拟要求保护发明的每一个技术要素,其标准可以参照现有技术抗辩的要求。一份完整的技术对比文件和简单的公知技术常识的组合可以成立有效的现有技术抗辩,其理由仍然是要公众确信权利人实际完整地研发出了可以主张专利权的某项技术方案。

3. 技术方案的个案认定化

捐献原则适用的个案认定化是指应当针对特定的专利,即以单独的专利为衡量的标准。借鉴民法上的物权理论,当财产被抛弃时,法律就在以下两者之间做出选择:一是将之"去财产化",从而任何人都可以使用它,但也没有人可以享有排他性使用权;二是允许它可以被重新占据,这可能导致更有效率的使用,但也可能因为在将来重新占据者之间

---

〔1〕 [美]罗杰·谢科特、约翰·托马斯:《专利法原理》,余仲儒译,知识产权出版社2016年版,第70页。

〔2〕 Toro Co. v. White Consol Indus., Inc., 383 F. 3d 1326, 1334 (Fed. Cir. 2004).

产生竞争而激发“寻租行为”。[1] 依据我国专利法，专利权人在专利申请过程中和授权后对专利文件的修改相当有限，申请人均没有相应的救济程序，以弥补其因疏忽、懈怠或过错导致的主张的专利权利范围小于公开的技术方案的情形。若申请人公开于说明书或附图中的技术方案并未包含在权利要求书中，也就是说，权利要求主张的范围比说明书公开的范围小，该未包含在权利要求书中的技术方案因为已在专利文献中公开，会一概被视为捐献给了公众而成为现有技术，并且成为后续其他相关专利评判新颖性与创造性的基础文献。

与此相对应的是，说明书中的公开意味着完全的公开，相应的技术方案被视为进入公有领域而不能再获得专利权，因此个案适用的规则在我国现有专利法律制度中并不是一个突出的问题。在美国的专利制度中，针对专利不同阶段设置了不同的救济措施以最大限度地克服专利申请文件撰写或语言表达能力不及等可能导致的专利权利的缺陷，较为典型的是延续申请（Continuation Application），包括继续申请（Continuation Application）、部分继续申请（Continuation-in-part Application）和分案申请（Divisional Application）等。常见的适用情况如申请人觉得母案的专利申请范围过小，在母案申请获得最终授权前，书面描述所公开的技术方案基础之上增加新的权利要求，通过延续申请的方式扩大其权利要求的范围。或者在书面描述的基础上提出相应的分案申请，先前的专利中未主张保护的主题不能阻却在其他的专利中权利人对该主题主张权利，也达到了对其公开的具有专利性的技术方案充分保护的目的。即便是在授权后，一定时期内也可以通过再颁程序将公开而未主张的技术方案纳入原初专利的保护范围。也就是说，在说明书中公开而未

[1] [美]威廉·M. 兰德斯、理查德·A. 波斯纳：《知识产权法的经济结构》，金海军译，北京大学出版社2016年版，第34页。

主张的部分内容可能通过其他法定程序以多种方式被再次纳入权利人的专利保护范围，而不必然进入公有领域成为现有技术的一部分。美国专利法律制度区分不同的阶段，权利人可以对专利文件进行不同程度修改以调整专利权利范围，是综合专利授权制度与发明人技术贡献的灵活制度设计，在此背景下，在适用捐献原则时，应该以某一特定的专利为基础讨论技术方案的捐献问题。

（三）捐献的范围

如何确定捐献的范围，也是司法实践中的难题。在很大程度上，这涉及专利权人和社会公共利益之间的平衡问题。就捐献的范围而言，存在三种不同的范围。第一种可称为捐献的最小范围。按此观点，被认定捐献的内容应该与专利权人捐献的内容字面相同，而不是等同关系，否则，就不适用等同原则。如在说明书中公开了两个实施例，A1 和 A2，权利要求中仅对 A1 进行了记载，此时实施例 A2 就被视为捐献给了社会公众，但与 A2 等同的其他实施方案 A3、A4 等并不能被视为捐献的内容。[1] 第二种可称为捐献的中等范围。按此观点，被认定捐献的内容除了包括与专利权人捐献的内容字面相同的技术方案外，还包括那些与专利权人捐献的内容等同的实施例。上文提到的美国联邦巡回上诉法院 2004 年审理的案件中，专利权人在说明书中公开的是"现有技术中，也有使用模制塑料和金属部件"，专利权人在权利要求书中限定的是金属带，被告使用的是塑料带。美国联邦巡回上诉法院认为，塑料带属于专利权人捐献的范围，显然是把塑料带等同于"模制塑料和金属部件"了。第三种可称为捐献的最大范围。这一方案由美国原联邦巡回上诉法院的雷德法官提出。在 2002 年美国联邦巡回上诉法院审理的 Johnson 案中，雷德法官指出，专利权人在申请专利时便可以预

〔1〕 北京市高级人民法院：《专利侵权判定指南：理解与适用》，中国法制出版社 2014 年版，第 218 页。

见到,并且应当将其涵盖在权利要求保护范围之中的技术方案,等同原则不能将其囊括其中。这就是他提出的可预见原则。按此,如果在说明书中公开而没有记载在权利要求中的技术方案,包括与此等同的各种可以预见的技术方案,都属于专利权人捐献的范围,其目的在于增强权利要求的公示作用。[1]

从字面上看,雷德所提出的可预见方案的范围并不一定大于第二种观点中的等同方案。但事实上,可预见方案指涉的是未来的可以预见到的与现有技术方案等同的方案。如果说未来方可预见到的与捐献的技术方案等同的方案都应当不适用等同原则,而应适用捐献原则,那么,现有的与捐献的技术方案等同的方案就更没有理由给予保护。本书认为,雷德法官提出的可预见方案的范围对于专利权人过于严苛。尽管其初衷在于,将激励点置于权利要求的撰写上,要求将所属领域的技术人员可以预见到的覆盖其实施发明的所有方式均包含进去,其目的是让专利权人为其没有将一种可以预见的不同技术方案纳入权利要求的保护范围付出代价,但这种规则打击面太大,它将一些本来可以而且应当认定为等同侵权的情况一起排除了。[2] 按此,等同原则只能禁止那些在申请日后新出现的技术来代替专利权利要求中的个别技术特征的侵权行为,只有那样的情形,专利撰写人才有可能在申请专利时没有预见到。[3] 从专利申请的撰写来看,目前基本实现了发明人与专利撰写人之间的分工,大量的专利申请是由专利律师和专利中介机构完成的,由于专利律师和专利代理机构与发明人的目标并不完全一致,[4] 在很多情况下,在获得授权这一前提下,专利律师和专利代理机构并没

---

〔1〕 Johnson & Johnson v. R. E. Service Co. ,Inc. ,62 USPQ 2d(BNA)1225.

〔2〕 尹新天:《专利权的保护》,知识产权出版社 2005 年版,第 417 页。

〔3〕 北京市高级人民法院:《专利侵权判定指南:理解与适用》,中国法制出版社 2014 年版,第 220 页。

〔4〕 [美]亚当・杰夫、乔希・勒纳:《创新及其不满:专利体系对创新与进步的危害及对策》,罗建平、兰花译,中国人民大学出版社 2007 年版,第 63 页。

有过多的激励来完善专利技术方案的保护范围，因此，将捐献原则扩大到雷德法官所谓的可预见性方案并不具有可行性。

从专利权保护范围的确定历史上看，通过权利要求来界定专利权保护范围并不具有当然的可行性。在专利制度历史上，相当长的时间是由法官通过审查说明书来确定专利权保护范围的，也正因如此，发明人的陈述对于确定专利权保护范围特别重要，也才产生了英、德两国根据发明构思来确定专利权保护范围和认定侵权的实践。可以说，那个时代秉持的是一种实体主义的确权方式，按照发明人的实际贡献确定专利权保护范围。从理论上看，这种实体主义在马克斯·韦伯式的视角看来，是不“理性”的，它没有为行为人提供稳定的程式化的预期，无法体现法治的精神。[1] 渐渐地，专利权的保护范围走向了形式主义，即通过一个确定的格式来确定保护范围，权利要求由此而生。固然，这种形式主义可以实现法官判案的去道德化，可以通过法官对权利要求的形式审查获知大致一致的判断，但其不足是忽略了一个法域的具体经验和实践。[2] 从法理上看，捐献原则对那些说明书中公开但没有记载在权利要求中的技术方案不予保护，是对专利权的一种限制与剥夺。按照知识产权法定主义的原则，对知识产权（包括专利权）的限制必须具有法律的明确规定，不能由当事人和法官自设，一如在对著作权的限制——合理使用制度的设计那样。我国著作权法对合理使用制度的规定是封闭的，没有“等情形”这样的表述，而不像对著作权权能的罗列那样。这要求，在保护私权时代，对权利的限制必须具有法律的明确规定，必须具有确定性，没有确定性的限制不能为我们所认可。

与此一致，本书认为，在对捐献原则的设计时，也必须明确具体，不

〔1〕 参见［德］马克斯·韦伯：《法律社会学》，康乐译，广西师范大学出版社2005年版，第16页。
〔2〕 黄宗智：《实践与理论：中国社会、经济与法律的历史与现实研究》，法律出版社2015年版，第612页。

能把那些没有确定性的、不具体的技术方案纳入捐献的范畴。为此,将捐献的范围界定为在说明书中公开但没有记载在权利要求中的方案,是合理的,不应当包括那些与此等同的以及可预见的技术方案。[1] 捐献原则中的公开应仅限定在说明书技术方案所明确指涉的字面意义范围。当被告主张捐献规则时,被认定捐献的内容应该含义足够明确,指向的技术方案是说明书所公开的技术方案的字面含义,此时不应扩大理解为与该技术方案具有等同性的技术方案。从专利权利的保护范围来看,专利制度所保护者系专利技术范围与申请专利所记载范围的同一,然而此种同一不仅是指技术方案的同一,而且是可以扩张为法律上的同一,是以技术领域的技术特征来判断此种法律意义上同一性。事实上,等同原则是在侵权判定时将专利权利的排他性权利范围以权利要求内容法律意义上的同一性作为基础。在捐献原则的适用中,应当着眼于说明书中技术意义上的方案,而不应当扩展至法律意义上技术方案,以产生更大的不确定性。在这一点上,它与禁止反悔原则应当一致,在司法实践中,法院在适用禁止反悔原则时,也明确要求,专利权权利人对权利要求范围所作的部分放弃必须是明示的。

(四)捐献原则适用的法律效果

1. 排除等同原则的适用

等同原则源于20世纪美国两个重要的案例,[2] 在这两个案例中,法院都明确等同原则为竞争者制造了不确定的风险,但基于激励理论,都秉持了保护权利人的贡献比专利权利的确定性更重要的意见。也有这样一种观点认为,等同原则扩展或扩大了权利要求保护范围的说法本身就是矛盾的,这种观点认为,专利的保护范围本来就是指涉所有本

---

[1] 即使如此,本书认为,这样的做法对专利权人也仍然比较苛刻。

[2] Garver Tank & Manufacturing Co. v. Linder Air Products Co., 339 U. S. 605 (1950); Warner-Jenkinson Co. v. Hilton Davis Chemical. Co., 520 U. S. 17(1997).

质相同的技术方案。由权利要求所定义的专利保护范围并没有改变。就其含义来说,等同原则涉及的是那些超出权利要求字面含义范围的技术方案,即判断被控侵权方案是否"等同于"权利要求所书面记载的内容。[1] 无论如何,等同原则着实扩展了权利要求的字面含义范围所界定的专利排他性权利的范围,至少与单纯字面侵权的认定来看,专利权人获得了其明示范围之外的权利。等同原则正视了文字界定无形产权固有的局限性以及潜在侵权者对技术方案投机取巧的细微变化以规避侵权的专利欺诈风险,在基于技术理性与法律理性的共同基础之上抽象出权利人实质上拥有的创造性部分。除了由相对明确的适用条件予以规范以避免适用范围的泛化,同时构建其适用的外部法律限制,是维持等同原则这样一项衡平法律原则生命力的重要进路。

抛开捐献原则最初作为对再颁专利的限制性条件之一的认识,对等同原则的法律限制是目前对捐献原则的普遍认知。如果存在排除等同原则适用的某些法律限制,专利权人则不能享有该原则所带给其的好处。[2] 对于确因专利撰写不当或其他疏忽导致的未能充分完整地保护权利人的创造性技术方案的部分,再颁程序的解决路径确实更为公平、公正及合理,通过与原初专利同等的授权审查程序,权利人可以获得与说明书公开的内容匹配的权利范围,更好地发挥权利要求的公示功能,而不是通过不确定的等同原则强化对权利人的保护。一般认为,对等同原则的法律限制包括申请历史禁止反悔原则、全特征原则、对权利要求特征的损害、现有技术原则、贡献给公众的部分、可预见性等。其中贡献给公众的部分是指专利权人不可以试图通过等同原则获得被其公开但未在其专利申请中要求保护的客体,从而避免 USPTO 对该部

[1] Wilson Sporting Goods Co. v. David Geoffrey & Assocs. ,904 F. 2d 677(Fed. Cir. 1990).

[2] Warner-Jenkinson Co. v. Hilton Davis Chem. Co. ,520 U. S. 17. 39 (1997).

分客体进行审查,[1]即捐献原则。在美国的专利法律体系中,如果申请人确实要求了一个较窄的专利保护范围,申请人仍有如下三种途径进行补救:如果距离专利授权不到两年,可以尝试对专利进行再颁以扩大权利要求的保护范围,将公开而未主张的部分纳入其权利要求的范围内;如果专利申请仍然在专利商标局处于未决状态,可以对未主张的部分继续申请专利;如果距离专利授权后少于一年且满足其他相应的条件,可以单独地针对前述专利未主张的部分申请新的专利。这些制度主旨皆在于专利权利的范围应当通过USPTO这一授权机关平等地对所有公开的技术方案进行审查确定,而避免以主张等同的方式规避专利授权审查而实质上获得更大的利益范围,既可以有效地保护发明人完整的技术贡献,同时也维持了专利制度的公示功能。

当公开了某一等同物而未在权利要求中主张,捐献原则和等同原则走向的是两个不同的方向。按照等同原则,从广泛适用的角度来看,专利权人有权阻止竞争者使用与其主张的技术方案等同的技术方案,而无论其是否在说明书中公开。美国联邦最高法院迄今没有判决明确对公开而未主张的等同物能否适用等同原则。[2] 捐献原则对适用等同原则产生限制有下述两层含义:一是在适用条件上,捐献原则是对等同原则的限制。专利权人在说明书中公开技术方案而又未在权利要求中主张,在侵权诉讼中,专利权人不得认为说明书中公开的这部分未主张的技术方案,是与该专利权利要求等同的技术方案。其理由在于这部分内容未经专利授权审查,在侵权程序中再通过等同原则的适用,权利人两头获利。二是在适用后果上,约束捐献的内容,如捐献的内容是公开的技术方案的字面含义或者及于字面含义等同的范围。从捐献原则

---

〔1〕 [美]J. M. 穆勒:《专利法》(第3版),沈超等译,知识产权出版社2013年版,第337页。

〔2〕 Scott R. Boalick, The Dedication Rule and the Doctrine of Equivalents: A Proposal for Reconciliation, 87 The Georgetown. L. J. 7 (1999).

适用应当基于特定化的技术方案的逻辑,捐献原则将捐献的范围仅限于说明书字面含义的内容是适当的。

2. 对涉同一专利的其他案件的拘束力

捐献原则适用之后,相关专利的保护范围界定在权利要求书的框架之内,说明书和附图中另一部分技术方案不能作为权利人专利权利的客体,他人使用了与说明书和附图中的该另一部分技术方案,权利人不能主张该部分技术方案是与权利要求所界定的技术方案等同的方案,因此不能认为侵犯了权利人的专利权。在某一特定专利的民事侵权诉讼程序中,一项生效的法律裁决使权利人的专利权利范围实际上通过司法程序得以确认。由此引发的另一个问题是,在个案中对某一专利保护范围的司法确认,对该专利在其他侵权诉讼中专利保护范围的效力为何,即专利民事裁决对专利权利的影响力或约束力。从民事诉讼法有关判决既判力的角度,生效的判决对案件当事人具有约束力自不待言,生效判决所确认的事实也是属于在其他案件中不需要当事人举证证明的事实。适用捐献原则,是对专利权利要求进行解释的法律行为,其结果不是产生民事诉讼法意义上的免证事实。从理论上说,解释权利要求以确定专利权利的保护范围是一个法律问题,某一法院对某一专利在民事侵权程序中的专利权利要求的解释并不具有对该专利解释问题普遍意义上的约束力。但从判决既判力的角度,生效裁决不仅仅是针对当事人权利义务有约束力地分配,除非确有错误,在论及法官对待其他相关判决的既判力问题时,下级法院背离上级法院的判决或者无视其他生效判决的效力,可以说都是不寻常、不具代表性的现象。在比较法的研究中也发现,普通法中遵循先例原则和大陆法系的欧洲大陆各国法院的实际做法,常常产生相同的结果,这样说并非夸张:因为“实际上的差异微乎其微”。实际上,当法官能够在最高法院一个或数个判决中找到似乎与他面前的案件有关的一条规则时,他会遵循该判决中的规则,这在德国、英国和法国都是相同的。[1]

从物权的角度,一般认为,物权对抗效力源于物权的公示性,然而公示最终目的是为知悉服务的。采取何种公示手段,决定了非权利人知悉的范围,登记最强,占有次之,其他方式又次之。[2] 在现行行政与司法二元模式下,专利权审查登记的确权模式以公权力公告的方式最大限度地让公众知悉了权利的状态,相关公众以简单的查询方式即可知晓各产业或行业的研发动态。法院的判决效力仅限于对方当事人,不具有针对社会公众的效力,专利权人也可能针对不同主体同时或先后提起侵权的指控。当然,在后续案件的审理中,知识产权法院或知识产权法庭可以参考以往的判决。从这个意义上,专利个案纠纷仅仅是针对当事人确定了一种权力状态或法理状态,使相关的侵权纠纷案件终结或者继续进行。知识产权法院或知识产权法庭,并没有将专利复审部门审查专利无效请求的职责纳入审判范围。[3] 由专利复审部门做出的专利权是否有效或者是否部分有效的决定,都会进一步反映在专利局的相关公告中,具有针对社会公众的效力,而司法程序不能直接针对专利权利的效力状态予以变更,如现有技术抗辩的成立也仅能作为不侵权的法律依据。如果专利侵权纠纷管辖法院都有权决定专利效力的话,可能导致同一专利权出现冲突的效力状态进而损害专利财产权利的统一性,而现行的行政确权与司法审查模式所导致的循环诉讼的弊端仍一直未能妥当地解决。无论是从专利法律的修订,还是专利审判机制的改革创新,都在回应推进实施创新驱动发展战略的重大需求。最高人民法院知识产权法庭的成立,进一步强调和提升了知识产权司

〔1〕［德］茨威格特、克茨:《比较法总论》(上),潘汉典、米健、高鸿钧等译,中国法制出版社2017年版,第472页。

〔2〕张淞纶:《论物上负担制度——财产法的对抗力革命》,法律出版社2012年版,第236页。

〔3〕李明德:《论我国专利制度改革的三个维度》,载《知识产权》2019年第8期。

法保护的重要性，强化司法主导，并提出了一系列关于专利民事程序与行政程序的衔接与协调，如合理强化特定情形下民事程序的优先和决定地位，促进民行交织的知识产权民事纠纷的实质性解决，对后续行政纠纷的正确解决形成引导，切实缩短审理周期。在先的民事权利侵权案件对特定专利权利要求有明确解释的，后续的专利无效行政程序在解释同一专利权利要求时应予参考。[1] 最高人民法院知识产权法庭已创造性地采用由同一合议庭审理涉同一专利的民事侵权纠纷和无效行政诉讼，在我国当前的专利法律体制下，是提升裁判效率和统一裁判尺度的积极有益的探索。

## 三、捐献原则的外部约束

除了适用范围、适用规则、具体运行等内部法律构造问题，将捐献原则置于专利制度的整体框架之下，审视其在专利法律体系化概念中的位置与功能，尤其是与其他相关专利制度的配合抑或制衡关系，也具有重要的意义。它回答的是，捐献原则为专利法律体系中的其他制度提供了何种支持，而实现其制度价值又需要什么样的外在条件。

### (一)捐献原则与禁止反悔原则

通常所述的禁止反悔原则，是诚实信用原则在专利法中的另一表现，专指权利人在专利审查过程的禁反言(prosecution history estopple)。依据禁止反悔原则，申请人在专利申请过程中放弃了某一主题，在后续的专利侵权诉讼中不能适用等同原则将之前放弃的主题纳入专利的保护范围。禁止反悔原则排除了专利权人对授权权利要求的这样一种解释，该解释包括了在专利审查过程中向专利审查机关放弃的部分。与

[1] 参见罗东川：《建立国家层面知识产权案件上诉审理机制 开辟新时代知识产权司法保护工作新境界——最高人民法院知识产权法庭的职责使命与实践创新》，载《知识产权》2019 年第 7 期。

捐献原则一样，禁止反悔原则亦源于美国专利司法的实践。该制度在日本专利法上被称为“包袋禁反言之抗辩”（该称谓由来于申请人在提出专利注册申请时，一般将申请资料统一装在申请袋中，该申请被称为“包袋”）。[1] 我国最高人民法院早在2009年通过司法解释确立了该原则，并在2016年进一步通过司法解释对禁止反悔原则适用的例外予以明确。专利审查过程的禁止反悔原则指涉的是，将专利审查过程中可公开获得的专利审查文件等作为内部证据，在通过说明书解释权利要求时作为限制等同原则适用的规则，其依据在于专利审查档案是专利文件的补充，作为确定权利要求术语含义的一个基本信息。[2] 禁止反悔原则在两个层面上适用：一是通过与专利审查档案对比，权利要求进行了相应的修改。二是因为辩论而禁止反悔，即申请人向审查员申辩，指明要求保护的发明的特点或将其与现有技术区别开。[3] 基于种种理由和原因对权利申请文件进行修改是专利权利形成过程中的常态，通常认为，为最终获得专利授权是专利权人修改专利文件的目的。美国判例法为判定经过修改的权利要求限定的等同物的范围提供了两种可选途径，分别被称为“严格的禁止”和“有弹性的禁止”。[4] 美国联邦最高法院在Festo案中推翻了美国联邦巡回上诉法院的严格禁止原则，认为法院应该对通过缩小范围的修改方式而放弃的主题范围进行具体确认。有弹性的禁止摒弃了“一刀切”的修改即适用禁止反悔原则的严格规则，并考虑了以下几个例外情形：一是所述等同物应该是不可预见的；二是为使范围缩小的修改理由与所述等同物是“离题万里的”

---

〔1〕［日］田村善之：《日本知识产权法》（第4版），周超、李雨峰、李希同译，知识产权出版社2011年版，第254页。

〔2〕 Markman v. Westview Instruments, Inc. ,52. F. 3d 967,34 USPQ2d 1321(Fed. Cir. 1995).

〔3〕 Cybor Corp. v. FAS Technologies, Inc. ,138. F. 3d 1448,46 USPQ2d 1169(Fed. Cir. 1998).

〔4〕［美］罗杰·谢科特、约翰·托马斯：《专利法原理》，余仲儒译，知识产权出版社2016年版，第277页。

或“不直接相关的”；三是一些其他原因，表明专利权人不能预期地描述所讨论的非实质性替代物。[1] 我国司法解释中同样对禁止反悔原则的适用进行了反向的限制，即修改和陈述被明确否定时，可排除禁止反悔原则的适用，也是采用类似美国弹性的禁止规则，考虑专利审查档案修改的原因对权利要求范围实质性的影响。

禁止反悔原则与捐献原则目的一致，都是在遏制专利权人通过等同原则“两头获利”的不当行为。我国最高人民法院于2019年年初建立了国家层面的知识产权案件上诉审理机制，即专门设置知识产权法庭审理发明专利、实用新型专利、植物新品种、集成电路布图设计、技术秘密、计算机软件、垄断等专业技术较强的知识产权民事、行政等上诉案件，以及上述相关的全国范围内的重大、复杂的一审案件等。[2] 最高人民法院知识产权法庭专门审理专利等专业技术性最强、审理要求最高、与科技创新的关系最为紧密的案件，其价值和功能与独立的知识产权上诉法院并无二致。美国在论述联邦巡回上诉法院成立的意义时提到，一家专门法院比一家普通法院可能更具有一种“使命”，美国联邦巡回上诉法院并不完全是专门法院；除专利权案件外，它的司法管辖范围相当广泛。美国联邦巡回上诉法院将自己的“使命”确定为通过扩大专利的权利而促进技术进步。[3] 统一审理包括专利在内的专业技术较强的案件的上诉审判，由相对固定的审判组织对全国范围内特定类型的案件集中审理，能够最大限度地统一裁判理念并引领裁判规则的确立，能够逐步向侵权裁判尺度的客观化、统一化方向迈进。我国最高人民法院知识产权法庭的设立，对于专利法适用的统一性、确定性会逐步增

---

〔1〕 Festo Corp. v. Shokestu Kinzoku Kabushiki Co. Ltd. 122 S. Ct. 1831(2002).

〔2〕 最高人民法院《关于知识产权法庭若干问题的规定》(法释〔2018〕22号)。

〔3〕 [美]威廉·M.兰德斯、理查德·A.波斯纳:《知识产权法的经济结构》,金海军译,北京大学出版社2016年版,第503页。

强,对采用更加灵活的推定捐献原则提供了制度保障。这在一定意义上,体现了对专利给予强保护的司法政策。

(二)捐献原则与专利质量控制

虽然今天的评论者倾向于对已登记为专利(外观设计或者商标)的数量感到着迷,但在19世纪的大部分时间里,最为人们关注的却是所登记对象的质量,事实上,人们视专利的成倍增长为一种必须加以避免的恶。[1] 2011年,中国国家知识产权局的专利申请量超过美国专利商标局,成为世界上专利数量最多的专利局。[2] 虽说确实存在一些貌似无足轻重甚至空洞乏味的专利,很难将单一的专利数量与专利制度所普遍认为的推动技术进步与创新的激励价值相关联,但不得不承认的是,从专利的角度来看,无论是专利授权部门还是司法部门,都缺乏适当的立场来就专利质量本身进行高低优劣的判定,最终的衡量仍是以相关的行业公众和市场的反馈为准。专利权利解释的风险可能引发专利权利范围的不稳定,确权及无效程序可能导致专利效力被否定。当然,影响专利确定性的因素有很多。甚至有学者指出,大多数的专利意味着高度的不确定性,或者意味着概率性的财产权利。在这个意义上,有人戏称,专利就是财产权与彩票的混合。[3] 如果从专利权利的取得和维持的视角来看,专利权利状态的稳定性可以成为一个评价标准。高质量的专利是专利效力稳定且专利权利范围具有确定性的专利。差的专利或低质量的专利指涉的是专利范围不够确定或者是被认定无效的专利。专利保护范围不确定的专利往往引发多轮确权程序或诉讼,耗费大量成本,既容易阻碍相关产业部门在某技术周边领域的研发与

---

〔1〕[澳]布拉德·谢尔曼、[英]莱昂内尔·本特利:《现代知识产权法的演进——英国的历程(1760－1911)》,金海军译,北京大学出版社2012年版,第212页。

〔2〕梁志文:《专利质量的司法控制》,载《法学家》2014年第3期。

〔3〕Mark A. Lemley & Carl Shapiro, Probabilistic Patents, 19 J. E. P., 5(2005).

投资,也容易导致非故意侵权的发生。

捐献原则的适用,强化了权利要求书划定专利范围和告知公众的基本功能,明确和清晰地传递了说明书中公开而未在权利要求中主张权利的专利撰写方式所引发的法律后果是什么。如果没有捐献原则,说明书中与权利要求无关的公开内容会使公众对专利权利的范围产生困惑。捐献原则的重要积极作用在于,在获取专利的早期即对申请人施加压力,使其负有撰写清晰、准确的权利要求的责任。[1] 在引发专利诉讼之前的获取专利授权的阶段,捐献原则的示范性作用可以激励申请人认真地检视每一项权利要求以确保其足以涵盖说明书中公开的所有技术方案,直接给予申请人极大的动力提高专利的撰写水平,整体地提升专利质量。显而易见的是,对提升专利质量而言,影响专利撰写及授权的法律规则比诉讼阶段的法律规则所需的社会成本更低。从公示性的角度,捐献原则对权利人和公众来说都是公平的。无论是针对专利技术的创造性部分,还是针对公开的技术方案,在确定适当的权利范围时,在专利的撰写与申请过程中,专利申请人都处于有利的主动地位。专利授权机关在授权阶段承担的审查责任,在某种程度上来说,也是行政机关在帮助专利申请人获得最终的授权。捐献原则和禁止反悔原则的适用,共同配套提高专利质量,强制性要求申请人努力确保专利权利的保护范围与其发明创造保持一致性。

专利证书只是一纸文件,但除非真正发明了某一东西,否则你是不可能获得专利的。[2] 早期对发明的保护范围的认定,有诸如"发明的精髓""实质性创造"等理论,因为标准的过于不确定而得到了不断的修正。然而,专利制度并不保护纸面上的专利权利。专利制度产生发展

〔1〕 Scott R. Boalick, Patent Quality and the Dedication Rule, 11 J. Intell. Prop. L. 215, 267(2004).

〔2〕 [美]威廉·M. 兰德斯、理查德·A. 波斯纳:《知识产权法的经济结构》,金海军译,北京大学出版社2016年版,第31页。

至今，从不断扩大丰富的专利权利客体，到专利文件形式要件的不断完善，从权利要求解释规则不断修正到专利运行机制的不断调整更新，都是现代专利制度在专利审查登记机制下保护权利人创造性的技术贡献进行的努力。从这一维度出发，面对日益活跃的技术创新活动和相应市场需求，专利制度可以设置更加灵活的调整机制，以适应不断变化的外部需求。专利法的原则是专利技术范围与专利权利范围的同一，此种同一并非技术范围的同一，在侵权认定中应当是法律上的同一。因此可以预料，在最高人民法院知识产权法庭成立之后，专利等技术类知识产权案件的司法保护会有一个向着更加稳定、统一的客观化方向迈近，以契合自党的十八大以来，知识产权战略实施的相关“严保护”政策在专利司法保护领域落地。在此背景下，我国需要更加灵活的捐献原则，既能够为撰写高质量的专利文件提供激励，又能从根本上保护权利人的技术贡献。

## 小　结

纵观我国专利法律制度，在确权阶段，专利权人修改权利要求的方式受到相当严格的限制，我国《专利审查指南》对权利要求的修改规定仅限于权利要求的删除、合并和并列技术方案的删除，并非给予权利人修订、完善其权利要求的机会，因为权利人并没有机会基于其发明创造、已公开的说明书等再次准确地、适当地选择其权利要求的范围，而很可能只是为了满足授权的要求而进行权宜的修改。在获得授权之后，也无救济程序对“遗落”的技术方案进行弥补。禁止反悔原则和捐献原则的适用一致，都是严格遵循了权利要求文本的公示性功能，保护公众的信赖利益。我国通过司法解释对禁止反悔原则适用的逐步完善，并未“一刀切”地把申请人对专利文件的所有修改视为反悔的依据。相较之下，当然捐献的进路在灵活性上则稍显不足。

# 第五章　捐献原则局限性的克服：扩大型再颁专利

捐献原则即意味着那些专利权人在说明书等文件中自行公开，却没有写入权利要求书中的方案进入公有领域，既不能成为专利权的一部分，也不能被视为与权利要求等同的技术方案。这一原则充分体现了我国专利法关于专利权保护范围以“专利权的保护范围以权利要求书的内容为准”的精神。但值得注意的是，在确定专利权的保护范围时，说明书和附图并不是可有可无的，它发挥着说明、限定作用。[1] 从这个角度看，仅在说明书中描述而未记载在权利要求书中的技术方案未必就一定是专利权人放弃的方案，如那些专利权人因为疏忽而没有写入权利要求书的那些技术方案。[2] 如果毫无限制地适用捐献原则，很可能无法保护申请人那些本应纳入保护范围的技术方案。捐献原则源于美国，然而正是意识到捐献原则的僵硬和弊端，美国法院在实践中探索出了一种矫正

---

〔1〕 尹新天：《专利权的保护》，知识产权出版社2005年版，第266页。

〔2〕 崔国斌：《专利法：案例与原理》，北京大学出版社2016年版，第742页。

捐献原则的制度,即扩大型再颁专利(broadening reissued patent),[1]该制度最终被美国专利法吸收。由于我国专利捐献原则借鉴了美国的做法,因此梳理扩大型再颁专利制度的历史、法律构造与功能,探讨扩大型再颁专利的制度逻辑,对我国专利捐献原则的完善具有重要的参考意义。

## 一、美国扩大型再颁专利的演进

再颁专利,[2]就其本意来说是通过再颁程序之后产生的新专利。它是专利获得授权之后,专利权人就同一发明提起的一种更正原初专利(original patent)后的专利。国家专利审查机构经过审查认为再颁申请符合授权条件的,向申请人颁发新的专利,专利权人放弃原初专利。专利权是国家专利审查机构与专利申请人(或者代理机构)之间互动的结果,无论是从专利申请的撰写还是从审查人员的能力等方面看,授权后的专利都有可能存在缺陷。为此,对这种存在缺陷的专利进行更正是理所当然的。在美国法上,对授权后的专利进行更正的措施包括更正证书(certification of correction)、弃权(disclaimer)、再审查(reexamination)和再颁专利等。[3]

再颁专利是美国专利实践的产物,它是在美国专利商标局内部进行的一种行政程序,由专利人提出,用于更正已经授权专利的某些瑕疵。最早的再颁专利可以追溯到1813年7月8日,它始于美国威廉·桑顿(William Thornton)的倡议,目的是"捍卫发明人尽管在其专利中

---

[1] 早在1996年,美国联邦巡回上诉法院就明确了扩大型再颁专利制度对捐献原则的矫正和补充作用。See Maxwell v. J. Baker, Inc. 39 USPQ2d (BNA) 1001 (1996).

[2] 也有人将其译为再颁专利证书,重发专利证书。参见曾陈明汝:《两岸暨欧美专利法》,中国人民大学出版社2007年版,第235页。

[3] 更正证书主要针对拼写错误等专利中存在的微小错误;弃权主要是专利权人为了防止整个专利无效而对部分权利要求放弃权利;再审查主要是针对美国联邦巡回上诉法院的高成本而提出的一种替代措施。

有错但仍应从其发明中获得利益的宪法权利”。[1] 美国早期较为著名的再颁专利案件是格兰特案。[2] 在该案中,原告获得一个关于切割帽坯(hat body)的卷切机的专利,该专利自1821年8月11日生效,保护期14年。之后,原告向美国专利商标局申请,因说明书中的缺陷,放弃原有的专利,并请求颁发一个新专利。1825年5月,美国专利商标局经过审查认为,专利权人的原初专利的瑕疵是专利人的非欺诈错误造成的,应当予以纠正,据此向专利权人颁发了新的专利,同时宣布原初专利无效,保护期自原初专利获得授权始计算。依据新颁发的专利,原告向美国纽约南区巡回上述法院起诉,状告对方侵权,要求赔偿损失。后该案被美国最高法院调卷审理。在诉讼中,被告除了辩称原告的再颁专利没有准确、清楚地描述改进的专利,在说明书没有描述卷切机的尺寸大小长度比例,没有在说明书中写明卷切机的实施例外,主要的理由是,美国专利商标局无权接受原告的申请,在原初专利的保护期没有届满时,美国专利商标局无权对同一发明进行授权。也就是说,美国专利商标局的再颁行为没有成文法的基础。著名的马歇尔(Marshell)主审大法官表达了美国最高法院的意见。他指出,“任何开明政府的旨趣和政策都是促进技术的进步。宪法的制定者们意识到了这一点,并将‘通过授予作者和发明人对其作品和发明一定时间内的独占权,以促进科学和技术的进步’这一权力授予了国会。第一届议会在第二次会议期间通过了授予发明人以专利权的法律。专利法明确授予申请人、继承人、信托机构和受让人在14年内的独占权。此间,专利权人享有制造、使用、许可他人使用该发明的专有权利。我们认为应当按照目的去解释法律,我们不能超越成文法的立法目的,也不能支持具有欺诈或者恶意

---

〔1〕 Kendall J. Dood, Pursuing the Essence of Inventions: Reissuing Patents in the 19th Century, 32 Technology and Culture 999 (1991).

〔2〕 Joseph Grant and Others v. E. and H. Raymond, 31 U. S. (6 Pet.) 218 (1832).

的行为。如果承认政府部门犯错后应当予以纠正,我们就应当承认,一个旨在确保专利权人获得利益的纠正错误的专利也应当被颁布。如果错误是由无辜的发明人自己所造成的,为什么不按照同样的目的采取同样的行为?"美国最高法院的这一判决对成文法产生了影响。为了回应本案中所讨论的再颁专利的成文法基础,该制度被1832年7月3日的专利法所吸收。它规定,无欺诈或者欺骗之目的,因疏忽、偶然、错误、未能清楚准确描述发明而导致该专利无效或者不能实施时,应适用再颁程序。在1836年7月4日实施的《美国专利法》中,专设第13条规定了再颁专利。该法第13条规定,"当已授权或者即将授权的专利,因附图或者说明书存在缺陷或者不充分,或因专利权人在说明书中的权利要求比他已有或者应有的权利要求多的内容(就像他的发明是新的那样);或者无欺骗或者欺诈之目的,因疏忽、偶然、错误导致瑕疵,专利商标局局长依法根据专利权人的弃权申请,在要求专利人另付15美元规费后,对上述发明人就同一发明在原初专利未届满的期限内,向专利权人颁发与其纠正后的附图或者说明书一致的专利。在专利权人死亡,或者原初专利转让后,该权利可授予其遗产执行人、管理人或者受让人。该再颁的专利,与纠正后的附图和说明书一起,在之后发生的诉讼中,具有同样的法律效力……"相比1832年的专利法,1836年关于再颁的情形,增加了一种类型,即"专利权人非因欺诈在说明书中的权利要求比他本该要求的内容多"的情形。

获得美国最高法院认可之后,特别是被纳入《美国专利法》之后,再颁专利事件日益增多。越来越多的专利权人向美国专利商标局申请再颁专利。有人曾经统计,在1859年左右,美国再颁专利数量创下了历史之最。[1]

---

〔1〕 Kwndall J. Dood, Pursuing the Essence of Inventions: Reissuing Patents in the $19^{th}$ Century, 32 Technology and Culture 999,1007 (1991).

再颁专利主要用于纠正原初专利权利要求的不充分。尽管再颁专利的类型不限于扩大型再颁专利,但多数再颁专利是为了扩大原初专利的保护范围。其主要类型包括:将法律规定的新客体纳入原专利保护范围,如将产品制造方法纳入关于产品的专利中;增加权利要求的内容;采用上位概念描述权利要求,增加权利要求中的等同物。[1]

早期的再颁专利主要是保护发明人专利权的一种防御措施,以应对专利受到威胁或者因在说明书发生错误或者疏忽而失去专利的情形。但到了19世纪50年代,再颁专利变成了"进攻武器",专利权人以此扩大专利的垄断范围。越来越多的人意识到再颁专利的潜在价值,越来越多的毫无价值的专利,特别是那些在说明书中描述但没有记载在权利要求书的内容,通过再颁程序扩大权利范围。"他们购买陈旧、毫无价值的专利,通过再颁程序扩大其权利范围,从被控侵权人那里榨取了巨额利润。"[2]其结果是,专利的公知性受到破坏,人们无法把握专利的范围,渐渐地,"公众从不相信再颁专利,开始不相信专利制度"。于是,美国的立法和司法部门开始着手解决再颁专利的滥用问题。

1870年,美国国会接受了对再颁专利制度进行改革的观点,其通过的《美国专利法》第53条几乎逐字逐句重述了1836年专利法的内容,但增加了如下内容:"再颁专利不能在说明书中增加新内容(new matter)"。这一精神在10年后得到了最高法院的支持。在1881年的米勒案中,[3]美国最高法院对扩大型再颁专利制度进行了限制。该案中,原告获得了一个机械组合专利,其涉及一个双穹顶发热灯的发明,一个穹顶置于另外一个穹顶之上,上有打孔盖子,灯芯管和气管通过盖

[1] Kwndall J. Dood, Pursuing the Essence of Inventions: Reissuing Patents in the $19^{th}$ Century, 32 Technology and Culture 999, 1002 – 1003 (1991).

[2] Id., at 1004.

[3] Miller v. Brass Company, 104 U. S. 350 (1881).

子上下移动。其权利要求是,该组合专利特别包括双穹顶,它可以让外部的空气燃烧更为充分,不需要烟道也无爆炸危险。事实证明,该发明是失败的。从效果上看,真正的改进是带有改进烟道的单穹顶发热灯。被告批量生产了大量这种带有改进烟道的单穹顶发热灯。原告的原初专利于1860年10月16日获得了14年加续展7年的保护期。该专利曾于1873年5月和1876年7月两次被放弃和再颁。该案由美国康涅狄格州巡回法院审理,后上诉到最高法院。布雷得利(Bradley)大法官代表法院发表了意见。最高法院认为,原告在原初专利授权后的第15年才发现带烟道的单穹顶发热灯是真正的改进,并要求再颁专利。这种再颁是无效的。具体而言,最高法院提出了如下几条意见。第一,再颁专利中的发明和原初专利的发明不是同一个事物,再颁专利中的发明是单穹顶带烟道发热器;而原初专利中的发明是双穹顶不带烟道发热器;因不是同一发明,不能适用再颁程序。第二,再颁专利说明书的疏忽或者错误是一种伪装,即使不是伪装,其在专利证书中的错误也是非常明显的。其唯一的错误是,再颁后的权利要求没有它可能的范围宽。即使允许纠正这种错误,也应当是在专利证书颁发后及时进行,而不应当在15年之后。不必要的耽误影响了专利权人修改或者申请再颁专利的权利。第三,对一个具体的设备或者设备组合的权利要求(实施例),以及专利权人对与专利权利要求相近的其他设备及其组合的权利要求的忽略,从法律上讲,都捐献给了公众。这是一种宣言,专利权人没有主张的要么不是他的发明,要么就捐献给了公众。第四,从1832年实施再颁专利制度以来,根据专利法放弃原初专利以纠正其错误和瑕疵而颁发新专利的权力被误读和滥用了。再颁扩大权利要求的专利是例外而不是一种原则,只有当已经发生的实际瑕疵不是因为判断的原因,而是因为真正诚信的错误(real bona fide mistake)疏忽所致时,才能对这种瑕疵进行纠正。之后,扩大型再颁专利日益受到严格约束。

扩大型再颁专利制度至今快达两百年的历史。在这一制度的历史演进中，也伴随各种争议的声音。在理论上，也有学者对此抱以否定的态度，认为美国专利商标局之前在专利审查历史中一直采纳的是历史进路，而再颁专利违背了这一进路。按此进路，专利申请人与专利审查人员之间是一种博弈关系，申请人对其技术方案提出较宽的保护请求，审查人员根据检索情况对其专利进行限制，专利权人对此限制进行认可。其间，形成了专利权人与美国专利商标局的一份明示的契约，按此契约，美国专利商标局对专利权人的权利进行了限制，作为对价，专利权人获得了专利权。[1] 如果事后他要求再颁专利，明显是对契约的违反，是对普通法历史上禁反言原则的背离。而美国的法院抛弃了这一进路，广义解释《美国专利法》第251条的规定，是对历史的背叛。[2] 在实践中，也有法院认为，"《美国专利法》第251条并不是用来矫正申请人或其律师所犯错误的万灵药"。[3]

尽管受到限制和约束，扩大型再颁专利仍有其存在的空间，毕竟，人类的认识能力有限，专利申请撰写错误在所难免。在1892年的托里夫案中[4]，美国最高法院指出，"认定绝不能再颁专利扩大权利要求范围，不仅无视成文法的明显意图，也会在很多种情况下给专利权人带来困境。专利说明书和权利要求书是最难准确描述的法律文件，当发明相当复杂时，就更是如此。让我们看看这种情况：极有价值的发明经常由毫无经验的人来撰写说明书和权利要求书，这些人往往不能准确地描述专利权人的发明，他们要么主张专利人实际发明的内容，要么遗漏了专利权人实际发明中的重要内容。在这种情况下，如果不允许专利

[1] Fried, Krupp Aktien-Gesellschaft v. Midvale Steel Co. 191 F 588, 594 (1911).

[2] Charlie Lisherness, Patent Reissue Genus Claims: Harmful Evolution, 26 T. Jefferson L. Rev. 85, 90 (2003).

[3] Application of Orita, 550 F. 2d at 1281.

[4] Topliff v. Topliff, 145 U. S. 156, 171 (1892).

权人通过再颁程序来保护其实际的发明,是不公平的,前提是专利中明显存在错误,他尽了勤勉义务也未发现该错误,而且也没有第三人同时获得了他没有主张的(那部分内容)制造和销售的权利。专利法的目的是确保专利权人对其实际发明内容的垄断,这一目的不应因过于坚持成文法表述的僵硬也不因适用人为的解释规则而抹杀”。

1952 年《美国专利法》对再颁专利制度进行了修订与完善。第 251 条是关于再颁专利的专门规定,该条第 1 款规定,专利权人非因欺诈发生错误,致使其说明书或者权利要求书中存在瑕疵,或其主张保护范围超过或者未达其应请求的权利范围,致其专利全部或者部分无法实施或者无效,在其缴回原专利证书并交纳法定费用后,局长应以新修正后的申请,就原专利记载的发明重新颁发专利,新专利的有效期限为原专利保护期的未届满部分。再颁的专利申请中不得增加新内容。这是一个原则性规定。按照《美国专利法》第 251 条第 1 款,不允许在再颁专利中扩大权利要求内容。作为例外,第 251 条第 4 款规定,扩大权利要求内容的再颁专利,其申请必须在原初专利核发后的 2 年内提出。由此,形成了美国再颁专利制度的基本框架,《美国专利法》关于扩大型再颁专利制度的规定也最终定型。或许是不满于再颁程序的严苛,也或许是专利商标局无法审查当事人的主观意图,60 年后,美国 2011 年通过的《美国发明法案》第 20 条对再颁专利制度进行了又一次修改,放宽了对再颁专利的要求,不再要求专利权人主观上的“非欺诈”,只看专利本身的效果。与之相近似的立法有加拿大。加拿大专利法在专利授权后也有类似于我国专利无效程序的重新审查程序,更值得关注的是,其追随美国的专利法律制度,亦有专门的再颁专利规定,从法条上看,其对再颁的时间限制较为宽松。针对书面描述部分或权利要求部分存在比实际的发明方案保护范围宽或者窄,都能在自原初专利证书颁发之日起 4 年内进行再颁,当然前提是“错误的产生是源于疏忽、意外或者过错而没有欺诈或者欺骗意图”。[1]

## 二、扩大型再颁专利的法律构造

一项原初专利,若要进入再颁程序,扩大其权利范围,必须满足法定的构成要件。在美国法上,尽管成文法没有明确扩大型再颁专利必须满足的条件,但司法判例积累了一些经验。

### (一)扩大型再颁专利的法律构成

1. 扩大型再颁专利与原初专利必须针对的是同一发明

再颁专利的目的是在原初专利授权之后,对原初专利中的瑕疵进行纠正,这种纠正不是针对发明本身,而是针对发明完成之后,在申请专利的过程中,因为专利权人的错误、疏忽而导致对该专利范围界定的不准确,是在发明完成之后申请专利的阶段进行的。如果再颁专利针对的不是同一发明,而是与原初发明不同的另一发明,哪怕是原初发明的改进,也不符合再颁专利的初衷。此时,专利权人完全可以通过重新申请获得专利权。这一思想在美国最高法院判决的米勒案中阐述得非常清楚。

然而,对何为“同一发明”,在解释上存有不同的认识。一种观点是,“同一发明”指的是在原初专利中描述的发明;另一种观点是,“同一发明”指的是“实际应是的那一发明”。按照前者,扩大型再颁专利制度就没有存在的空间。毫不意外,美国法院采纳了第二种立场,它要求必

[1] 《加拿大专利法》第47条规定,“(1)任何专利由于描述和说明不充分或者专利权人要求的保护范围比他应该获得的保护范围过宽或者过窄,并且该错误的产生是源于疏忽、意外或者过错而没有欺诈或者欺骗意图的,如果在自颁发专利证书之日起四年内放弃该专利并缴纳另行规定的费用,专利局局长可以根据专利权人提交的修改后的描述和说明颁发新专利,新专利的保护期限为原专利未届满的期限。(2)第(1)款所述原始专利的放弃只有在新专利颁发时方才生效,新专利和修改的描述和说明文件在法律上、在其后因后来发生的任何原因而启动的诉讼案件的审理中具有相同法律效力。修改后的描述和说明文件视为已经在原始专利授权之前以正确形式提交。如果原专利与再颁专利的权利要求相同,原专利的放弃并不影响再颁时未决诉讼案件的审理或者导致再颁时已存在的诉讼事由失效。对于与原专利相同的权利要求,再颁专利是原专利的延续,从原专利生效时生效”。

须是在原初专利中有所体现而在再颁专利中所增加的内容。[1] 法院指出,尊重美国专利商标局之前的做法,"专利权人可以合法地获得一个其放弃的专利中更多内容的再颁专利,除非这个专利超过了其开发出来的实际的发明的内容"。

2. 原初专利存在可纠正的瑕疵

在美国专利法上,再颁专利以不扩大其权利要求范围为原则,扩大其权利要求范围为例外。事实上,为维护专利的公示性和稳定性,以及为了给其他竞争对手形成稳定预期,授权后的专利不能修改是常态。试想,一项专利获得授权公示之后,任何第三人都可以在公开场合获得该专利的技术信息,有的技术人员可能在该技术边缘进行改进,有的产业人员开始在专利技术外缘进行投资。如果事后某天该专利的保护范围发生了变化,该第三人的努力和投资将会付诸东流。因此,授权之后的专利保持稳定是常态,它维护的是第三人的信赖利益。[2] 但是,专利的目的是在产业中实施推广,维护正当的竞争秩序。如果一个专利的说明书或者权利要求书存在瑕疵,致使其无效或者不能实施,就与专利法促进人类社会进步的目的相悖,此时就应当对该瑕疵进行纠正。当然,该专利中的瑕疵不是因发明本身存在技术问题而导致的瑕疵,而是因为专利权人的疏忽(inadvertence)、偶然(accident)、错误(mistake)造成的,也可能因为在撰写专利申请时撰写人的能力不及。

由于扩大型再颁专利会使第三人处于不稳定的预期之中。因此,美国最高法院对其施加了更为严格的限制,"仅当发生了实际的错误(不仅仅是判断的错误),而是真实的专利权人不小心犯下的错误",才考虑是否颁发扩大型专利。事实上,这种错误是可纠正的瑕疵(correctable

---

〔1〕 Tatham et al. v. Lowber et al. 4 Blatchf. 86,23 F. Cas. 722(1896).

〔2〕 北京市高级人民法院:《专利侵权判定指南:理解与适用》,中国法制出版社2014年版,第215页。

error)。是否属于可纠正的瑕疵,需要针对个案进行考量。如果仅仅是保护范围太小,专利权人拿到专利证书一眼就可以看出,此时他就应当尽快去申请更改。如果多年后再去申请再颁专利,就不是真实的可纠正的瑕疵。美国最高法院在一则判例中指出,如果原初专利是确定的,原初专利的瑕疵不是因为真正的原因造成的,再颁的目的只是扩大权利要求,则这种瑕疵就不是可纠正的瑕疵。〔1〕此外,按照禁反言原则,对专利权人之前明确放弃的内容事后希望重新获得保护,这样的瑕疵也不是可纠正的瑕疵。在华特金森案中,〔2〕华特金森对一种防止木材真菌的方法申请专利。在与审查员的交流中,他认可了双向限制要求,放弃了没有选择的权利要求(non-elected claims)。〔3〕在获得授权之后,他提出了一个再颁专利申请,希望将之前没有选择的权利要求纳入保护范围。法院认为,他这种瑕疵是不可纠正的瑕疵,是之前明确放弃的内容,按照禁反言原则,他应当受到之前决定的约束。值得注意的是,对何为"可纠正的瑕疵",有时专利局和法院的认识并不一致。在一则关于使用手性催化剂对应性选择植入碳烯方法的申请中,申请人多伊尔获得的专利包括53项权利要求,包括通过植入带有二价碳原子的碳烯分子产生手性复合体的方法。〔4〕同时,他的专利也包括限制、后来放弃了的10项权利要求,包括使用手性催化剂指向其他导体的物质。〔5〕获得授权后的两年间,多伊尔提出了包括已获授权的53项权利要求和放弃的10项权利要求的再颁申请。美国专利局认为,多伊

---

〔1〕 104 U. S. 356 (1882).

〔2〕 In re Watkinson, 900 F. 2d at 230.

〔3〕 如果专利局认为一个申请涉及多项发明,会要求申请人分案申请,申请人必须选择其中的几个权利要求,没有选择的权利要求作为另一发明重新申请。

〔4〕 该案专利涉及使用手性催化剂对应性选择植入碳烯方法,手性分子具有"左右手关系",手性分子的空间结构不同,形成实物与镜像的关系,称立体异体物。其发明的贡献在于,多伊尔博士发明了多种手性过渡金属催化剂以及一种可以合成具有疗效的目标手性分子的对应选择性反应的方法。

〔5〕 In re Doyle, 293 F. 3d at 1355.

尔在原初专利中放弃的10项请求不属于再颁专利的范围,这10项请求属于独立的应当分案的申请。而美国联邦巡回上诉法院认为,多伊尔本该就这10项申请提出一个连接性上位权利要求(linking genus claims,即包含了这10项权利要求的1项总权利要求),因为疏忽没有提出,他因错误导致的瑕疵应当通过再颁程序予以纠正。显然,从技巧上,法院绕过了多伊尔应受禁反言原则之限制的约束。这也反证,申请过程中放弃的内容不属于原初专利的瑕疵,不适用于再颁专利。

3. 扩大型再颁专利必须在原初专利颁发后的短期内提出

扩大型再颁专利因为扩大了专利权人的保护范围,有可能对其他竞争对手造成不公平的影响,如在原初专利公布后,其他人就此做好了投资准备,如果不扩大权利范围,该行为是合法的;但扩大了权利保护范围,就可能涉嫌侵权。如此,该投资人的投资就无法收回成本。为了解决这一难题,法律应当把扩大型再颁专利的时限限制在原初专利颁发后的短期内。这一"短期"的要求,反映了法律对公众利益的关照,是对权利人懈怠行为的约束。[1] 这一"短期"应该规定为几年或许存在偶然的因素,如美国规定的是2年,加拿大规定的是4年。有学者指出,确定一个具体的期间是困难的,因为这个期间主要是为专利权人预见到自己专利中的瑕疵而设的。因此,在确定这个期间时,应当由发明人提供错误的多种证据以及竞争对手为此而做出的投资与准备等。基于这些要素考量而规定的期间,达成了扩大型再颁专利与潜在竞争对手之间的平衡。[2]

2011年之前,《美国专利法》要求,再颁专利当事人必须具有非欺诈

---

〔1〕 Willis B. Rice & William L. Grossman, Reissued Patent and Intervening Right, 43 Yale L. J., 766, 775 (1934).

〔2〕 David M. Longo, et al., Checking the Staats: How long is Too Long to Give Adequate Public Notice in Broadening Reissue Patent Applications?, 9 Duke L. & Tech. Rev. 1 18(2011).

的主观意图。如果在专利申请阶段为了获得专利授权故意限制权利要求,在专利获取之后为了扩大保护范围而又通过再颁专利打击竞争对手,这种行为显然具有欺诈的目的。再者,如果专利权人在发现相关的改进发明进入市场之后,再去申请再颁专利,就明显具有压制竞争的目的。但由于再颁专利制度是专利授权之后的一种纠正程序,它处于专利局内部,没有其他第三人的参与。专利权人在申请再颁专利时,又不可能主动承认自己具有欺诈的目的。因此,在再颁程序中,由专利局发现专利权人的欺诈意图,比较困难。事实上,在美国的多起再颁专利案件纠纷中,都是由法院在审理案件时认定的。因此,2011 年《美国发明法案》删除了再颁程序中对专利权人主观上的“非欺诈”要求。

(二)扩大型再颁专利的法律效果

专利权人获得了美国专利商标局的扩大型再颁专利之后,就产生了两个方面的效力。

第一,扩大型再颁专利与原初专利具有同样的法律效力。原初专利证书收回,原有专利消灭,扩大型再颁专利从再颁时发生效力,其保护期为原初专利未届满部分。

第二,第三人的介入权(intervening right)。如果再颁专利没有扩大原专利的保护范围,其权利要求回溯到原专利的公告日毫无疑问。但是,如果扩大了权利要求,此时已经开始生产经营的第三方没有侵害原初专利的保护范围,但侵害了再颁专利,在某些情形下,法律就会允许该第三方继续制造更多的产品。《美国专利法》第 252 条第 2 款将此平衡性权利赋予美国联邦地区法院在个案中行使。这一规定也体现了美国最高法院在米勒案中所指出的,不能因再颁专利中扩大权利要求给他人带来损害性后果。[1]

## 三、扩大型再颁专利制度的功能

扩大型再颁专利扩大了专利权的保护范围,在一定程度上破坏了专利的公示功能。作为一种绝对权,专利权的义务人是不特定的任何第三人,在专利获得授权之后,国家专利局之所以对其进行公示,原因就在于告知第三人这种专利的边界。这也正是著作权与专利权的重要区别。专利权之所以需要经过国家专利局的核准,其功能之一便是公示;而著作权人无须国家主管机关核准的代价就是其边际必须在之后的诉讼中划定。[2] 经国家专利局核准后的专利权可以让任何第三人在专利边界外缘进行研究或者投资。借此,实现了专利权人的排他权与第三人的接触之间的平衡。扩大型再颁专利制度破坏了这种平衡,它使第三人处于不稳定的状态,使其投资处于合法与非法的犹豫之中。这样的天平明显偏向了专利权人一方。这或许也是多数国家没有采纳扩大型再颁专利制度的缘由,即使有的国家采纳了再颁专利制度。另外,无论在大陆法系国家还是在英美法系国家,都采用自己责任原则,因自己的行为产生了对自己不利的后果,应由行为人自己承担。按此,原初专利权人即使主观上存在过错,导致了专利瑕疵,也应当由自己承担不利的后果,而不应事后通过再颁专利扩大权利要求,产生对他人不利的后果。按此,扩大型再颁专利就没有存在的空间和理性基础。对此,笔者持不同看法,认为扩大型再颁专利制度承担着无可替代的功能。

### (一)克服捐献原则之局限性

扩大型再颁专利制度具有克服捐献原则之僵硬适用的功能。在司

〔1〕 Miller v. Brass Company, 104 U. S. 350 (1881).

〔2〕 Shyamkrishna Balganesh, Debunking Blachstonian Copyright, 118 The Yale Law Journal 1175(2009).

法实践中,法院经常遇到这样的情形,当事人为获得专利授权提出保护范围较窄的权利要求,以后在诉讼中,又试图通过援引等同原则指控他人在说明书中描述但没有记载在权利要求书中的方案构成了等同侵权。这会丧失专利权的公示功能,损害公众的信赖利益。为保护这种信赖利益,很多国家的专利法规定了捐献原则,把那些在说明书中描述而没有记载在权利要求书中的技术方案排除在保护之外。但是,形成被捐献的技术方案的原因是多方面的,有的是申请人的故意而为,有的是因为申请人的疏忽,还有的是因为专利撰写能力的不及。如果武断地认为均适用捐献原则,对专利权人是不公平的。毕竟,如果以权利要求书为支撑的专利权保护范围不能实现技术方案本应享有的保护,从对价论上看,专利权人就无法真正地收回其投资,[1]无论这种投资是金钱、时间还是其他。这恰恰违反了专利权的本质。允许存在瑕疵的专利进行再颁,在一定程度上弥补了这种不公平。它可以将申请人在无任何欺诈意图所犯的错误困境中拯救出来。[2]“再颁专利在本质上是一种救济,它基于衡平和公平的基础之上。”[3]

正是意识到扩大型再颁专利对捐献原则的补充矫正作用,美国联邦巡回上诉法院在一则判例中,从另外一个角度阐述了扩大型再颁专利的功能。“美国法院不允许在申请专利时提出保护范围较窄的权利要求,以后再援引等同原则指控他人在说明书中描述的技术方案构成了等同侵权。”这部分内容被认为捐献给了公众。如果认为这种情况不公平,专利权人可以启动另外的救济措施。美国联邦巡回上诉法院认为,“美国专利法对这种情况提供了救济机会,按照美国专利法规定的再颁专利制度,当专利权人认为有必要扩大其保护范围,将在说明书中

---

〔1〕 徐瑄:《知识产权的对价理论》,法律出版社 2013 年版,第 162 页。

〔2〕 In re Oda,443 F. 2d 1200 (1971).

〔3〕 Ball Corp. v. United States,729 F. 2d 1429(1984).

描述而没有记载在权利要求书中的方案纳入保护范围时,可以在原初专利授权后的两年内提出再颁专利申请”。[1]

(二)纠正原初专利中的瑕疵

扩大型再颁专利制度是内在于专利行政授权中的一个程序,是授权后的一种补充程序,它可以纠正原初专利中的瑕疵。[2] 如果一项专利中的瑕疵客观上是必然存在的,那么不允许对其纠正就是不公平的。

人类的理性不及导致人们对发明技术方案的判断是不完备的。知识是人类对客观世界包括人类自我的认知。现在的研究表明,无论是沿袭欧洲大陆的理性逻辑主义,还是欧美的经验主义,人类对外在世界的认识是不完备的,人类永远无法达到认识的终点,人类的认识与外在世界始终向一个方向接近,但永远无法重合。正因为秉持这样的认识论,经济学家提出了不完备合同[3]和不完备法律的概念[4],它告诉我们,日常生活中遇到的法律和合同因为人类认识的不足,只是在民事主体之间权利义务的初次分配,剩余的立法权在当事人的具体互动中补充。对发明创造方案的认识也是如此。在原初专利中,发明人对自己完成的发明创造方案有时并没有一个完整彻底的认识。其完成的发明,到底采用哪一种结构最优、已有发明到底具有哪一种功能,有时完全超过发明人的判断范围。更重要的是,早在19世纪的美国,发明与专利申请就实现了分工。发明人只负责方案的完成,而专利代理机构负责专利申请案的撰写,专利代理机构并没有足够的激励去撰写完整的申请方案。[5] 如此,人类的认识与发明方案之间的距离就会更大。

[1] Maxwell v. J. Baker, Inc. 39 USPQ2d(BNA)1001(1996).

[2] 崔国斌:《专利法:案例与原理》,北京大学出版社2016年版,第743页。

[3] [美]奥利弗·哈特:《不完全合同、产权和企业理论》,费方域、蒋士成译,格致出版社2016年版。

[4] [美]卡塔琳娜·皮斯托、许成刚:《不完备法律之挑战与不同法律制度之回应》,李雨峰译,载吴敬琏、江平编:《洪范评论》(第2卷第1辑),中国政法大学出版社2005年版,第137页。

[5] [美]亚当·杰夫、乔希·勒纳:《创新及其不满:专利体系对创新与进步的危害及对策》,罗建平、兰花译,中国人民大学出版社2007年版,第36页。

随着人类认识的提高,人类对发明方案的认识可能更为准确。据此,专利权人要求对原初专利进行更正是公平的。因此,扩大型再颁专利和原初专利针对的必须是同一发明,即那个“实际应是的发明”,这和后来所谓的发明本质理论非常类似。人类认识的偏差导致原初专利的瑕疵,为扩大型再颁专利提供了理性基础。

除此之外,还应当注意到语言与技术之间的差距。语言是历史的产物,隐含时间维度,尽管它也发生变化,但稳定是其主要特征。卡西尔把人定义为符号的产物,〔1〕包括语言在内的符号包含了能指与所指这两个要素。能指与所指的关系并不是固定的,它具有任意性的意味。这意味着,当某个概念语词表达某个发明创造时,在这个“能指之前和之外,并没有确定的所指”。〔2〕 自古以来的语言观包含了模仿论,认为语言是对自然的模仿。维特根斯坦不满于语言的这种关系,提出了语言游戏的概念,与之前他提出的图像理论不同,他认为,语言从根本上与事态和对象并不存在一一对应关系。语言是一种游戏,强调语言是一种活动,“语言的功能是反应而不是反映”。这样的语言观告诉我们,语言不可能和它描述的对象之间存在对应关系,要看语言是如何使用的。就一项发明方案而言,哪怕它是稳定不变的,对它的描述(语言)也存在任意之处。显然,语言在对技术方案的描述时,本身就存在不完备、不充分的空间。因这种空间造成的对技术方案的不准确描述甚至错误的描述显然会导致专利的瑕疵。法兰克福特(Frankfurter)法官曾经这样描述语言的特点,“文字是表达含义的符合,但是文字不像数学公式,一份文件的措辞通常只能以大致的准确性表达其含义,少有例外。”“一项发明的文字肖像通常是为了满足专利法的要求而在申请的

〔1〕 [德]卡西尔:《人论》,甘阳译,上海译文出版社1985年版,第33页。
〔2〕 陈嘉映:《简明语言哲学》,中国人民大学出版社2013年版,第50页。

时候撰写出来的。这种从实际机器到文字的转化通常会留下难以填补的空间。一项发明常常是新颖的,但是却找不到适合的文字来描述,辞典并不总是能与发明人比翼齐飞,这做不到。事物不是为了文字而出现,但文字总是为事物而创造,为了克服这一间隙,专利法允许发明人充当自己的辞典编撰人。"[1]

## 小　　结

专利权体现的是公开与排他之间的一种平衡。一方面,为了鼓励技术进步,国家赋予发明人一定的排他权,借此他可以收回其投资;另一方面,国家又要求专利权人公开其技术方案,公众由此知悉专利权的保护范围并产生了信赖利益,[2]其他竞争主体还可以进行再开发,由此推进技术的进步并造福人类。经由前者,专利权人获得了一定的垄断利益,通过后者,社会公众获得了公开的技术方案。一个理想的专利权就是这种平衡的产物。[3] 但是,由于人类理性的不及,技术与语言之间的差距,专利申请撰写存在的困难,一个良好的技术有时未必能够获得完备的保护。而且,按照捐献原则,仅在说明书中描述没有记载在权利要求书中的技术方案,无法获得保护。按此,即使发明人真正想要保护的发明方案也会因没有写入权利要求书而无法主张其利益。由此带来的问题是,专利获得授权之后,专利权人有无进行自我救济的程序？从比较法上看,多数国家和地区的专利法允许对专利权的保护范围进行修改。《日本专利法》允许专利权人在授权后的无效审判程序中对说明书、权利要求书或者附图中的错误进行修改,但这种修改不能扩大权利

[1] Autogio Co. of America v. United States,155 USPQ 697(1967).
[2] 北京市高级人民法院:《专利侵权判定指南:理解与适用》,中国法制出版社 2014 年版,第215 页。
[3] Meririll v. Yeomans,94 U.S. 568(1877).

要求。[1] 加拿大专利法明确规定了专利授权后的再颁程序,但与美国不同的是,它没有关于再颁程序中可否增加权利要求的内容。[2] 《欧洲专利公约》允许申请人主动修改其专利,原则上要求不能以超出其授权范围的方式加以修改。[3] 但在司法判例中,如果申请人希望补入一个原专利申请文件中的孤立技术特征,在不违反上述原则的前提下,若修改后的权利要求的技术特征组合可以产生专利申请所希望的技术效果,则允许扩大权利要求。[4] 按照我国专利法,申请人可以在申请过程中根据审查员的建议进行修改,但是,修改的范围不能超过权利要求书(发明专利)或者图片和照片的范围(外观设计专利)。在获得授权之后,无论是他人启动的无效审查程序还是专利权人本人启动,都只能缩小专利权的范围。这种制度的好处是给其他竞争者提供了稳定的预期,当一项专利获得授权后,其他经营主体会按照国家专利局公开的技术方案进行投资,无须担心会对专利权人构成侵权。但是,其不足是对专利权的保护力度不够。而扩大型再颁专利制度在一定程度上可以解决这个问题,它容许专利权人主动向国家专利授权机构提出修改,就原初专利中的同一发明申请再颁专利,扩大其保护范围。而且,它是一种相比专利无效程序成本较低的程序。[5]

前已述及,我国最高人民法院颁布的《专利法司法解释(一)》和北京市高级人民法院颁布的《专利侵权判定指南》采纳了捐献原则,但我国的规定比较原则,没有辅以相应的救济措施。事实上,在说明书中描述而未在权利要求书中主张的技术方案,未必就是专利权人想要放弃

〔1〕《日本专利法》第126条。关于日本法上更正程序的论述,参见[日]田村善之:《日本知识产权法》(第4版),周超、李雨峰、李希同译,知识产权出版社2011年版,第294页。

〔2〕《加拿大专利法》第47条。

〔3〕《欧洲专利公约》第123条第2款。

〔4〕[英]理查德·哈康、[德]约亨·帕根贝格:《简明欧洲专利法》,何怀文、刘国伟译,商务印书馆2015年版,第214页。

〔5〕李旭颖:《浅析美国专利再颁程序》,载《中国知识产权报》2017年3月24日,第4版。

的方案,这种被放弃的技术方案很可能是因为当事人的疏忽造成的。按照捐献原则,这种方案也无法得到保护。这种框架的优点是适用法律简单,效率较高,但缺点是有违公平。为此,我国有学者认为,应当借鉴美国专利法的这一做法。[1]

我国专利法没有授权后的更正程序,专利权人只能在授权前按照审查员的要求修改其权利要求,或者在之后的诉讼中,通过无效程序来修改权利要求。这样的不足是非常明显的。第一,专利权人无法扩大其权利要求,即使原初专利存在明显的瑕疵,即使这种瑕疵是非欺诈性的错误造成的;第二,如果专利证书出现打印等微小错误,也没有可以修改的程序;第三,为了防止在诉讼中被对方当事人请求宣告其整个专利无效,专利权人可以主动放弃一些权利要求,以防止整个专利无效。但专利权人没有这样的救济程序。如果我国专利法增加了更正程序,就可以解决上述问题。对想扩大保护范围的专利权人而言,这种程序就更为重要。或许有观点指出,扩大型再颁专利制度是专利局内部的一种程序,而捐献原则主要适用于司法领域,按照知识产权实体内容应有司法审查机会原则,扩大型再颁专利在诉讼中要接受司法审查。如果法院为了操作方便,就可能会简单地适用捐献原则,而直接宣告专利权人的再颁专利无效。在这个意义上,扩大型再颁专利对捐献原则之局限性的克服是有限的。但是,我国目前专利诉讼中,采纳的是专利权有效原则,法院不会以涉案专利不符合专利法有关授权条件为由进行判决。[2] 按此,如果专利权人担心在说明书中描述而没有记载在权利要求书中的技术方案被认定为捐献给了公众,他可以在原初专利授权后的一定时间内提出扩大型再颁专利申请。

---

〔1〕 尹新天:《专利权的保护》,知识产权出版社 2005 年版,第 210 页。

〔2〕 参见北京市高级人民法院《专利侵权判定指南》第 1 条。

专利权体现的是垄断利益与技术公开的一种平衡。捐献原则关注社会公众的信赖利益，体现了技术公开的一面，但对专利权人较为不利。事实上，由于人类的理性不及、语言与技术之间的差距以及专利撰写能力的限制，一项专利很可能存有瑕疵。如果这种瑕疵得不到纠正，就不能充分保护专利权人，影响发明人的创新积极性。扩大型再颁专利制度正是为了解决原初专利的瑕疵而产生，它具有克服捐献原则之局限性和纠正原初专利之瑕疵的功能，其回应的是法律的公平价值。我国在采纳捐献原则的同时，应当对在说明书中描述但没有记载在权利要求书中的技术方案进行区分，为那些发明人想要保护的技术方案在立法上提供扩大型再颁专利这一救济措施。[1] 这一程序可在国家专利行政管理部门运行，与通过适用等同原则保护专利权人相比，成本较低。[2]

---

〔1〕 Robert P. Merges, *Justifying Intellectual Property*, Harvard University Press, 2011, p. 150.

〔2〕 李旭颖：《浅析美国专利再颁程序》，载《中国知识产权报》2017 年 3 月 24 日，第 4 版。

# 第六章　我国专利法上捐献原则的适用与完善

## 一、捐献原则适用的中国实证分析

### (一)研究样本的来源和提取

笔者以"捐献原则"为关键词,在中国裁判文书网上搜索到34篇裁判文书,时间跨度为2013～2019年。由于捐献原则实际上是专利法律理论上的概念,北京高级人民法院的意见及我国司法解释中均未将该项规则定义为"捐献原则",审判实践中部分裁判文书在说理时对该原则采用了明确的表述,部分裁判文书并没有提及捐献原则而是直接适用《专利法司法解释(一)》第5条。基于此,笔者又以"《专利法司法解释(一)》第5条"为关键词,点击"高级检索",选择"民事案由"目录下的"知识产权与竞争纠纷",并选择"法律依据"——"《专利法司法解释(一)》第5条",点击"检索",共计查询到62份文书,远多于以"捐献原则"词条本身作为关键词的搜索方式。因中国裁判文书网2013年7月1日才正式上线，基于互联网上公布裁判文书的相关法律规定，并非所有的生效裁判文书均会在中国裁判文书网上予以公布，传统的关键词检索手段过滤了未在文书中明确使用关键词表述但却适用于捐献原则相关的案例，加之最高人民法院颁布捐献原则的司法解释比裁判文书网上线时期早近4年，虽上述数据样本并非司法实践中捐献原则适用的全貌，但相关的代表性案例仍能在一定程度上反映我国司法实践中捐献原则适用的状况。

(二)捐献原则案件的统计情况

1. 案件时间分布

(1)中国法院2013年至2019年公开裁判文书信息显示的专利民事案件判决数量(见图1)

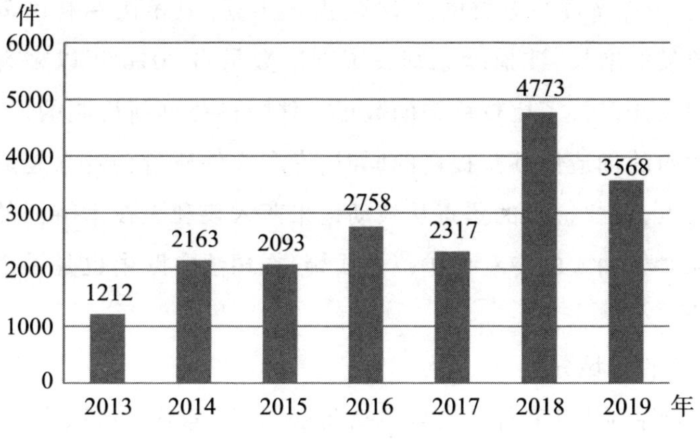


**图1　案件数量**

(2)中国法院2013年至2019年公开裁判文书信息显示的专利民事案件适用捐献原则判决数量(见图2)

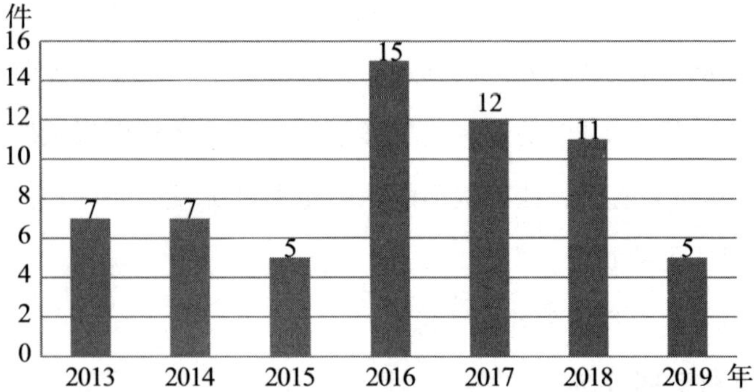


**图2　时间分布**

对比相关年度专利民事案件判决的数量与涉捐献原则民事判决的数量,虽然案件绝对数量并不多,占比不高,但相比专利民事案件判决数量的增长,涉捐献原则民事判决数量自2016年以来有较大幅度增长并保持了比较稳定的数量。伴随科技创新机制的发展,在技术发明的创造性逐步提高的同时,专利文件质量会越来越成为关注的焦点,侵权抗辩的焦点从被动地未落入权利人技术特征的范围到主动对权利人的专利保护范围质疑,在司法实践中也是一个明显的趋势。

2. 案件地域分布

捐献原则所涉案件的地域包括北京、上海、重庆、江苏、广东等(见图3)。经济发达与创新活跃的地区,既是专利申请数量较大的地区,也是专利纠纷较多的地区,案件地域分布与各地知识产权保护整体发展水平有一定的关联。

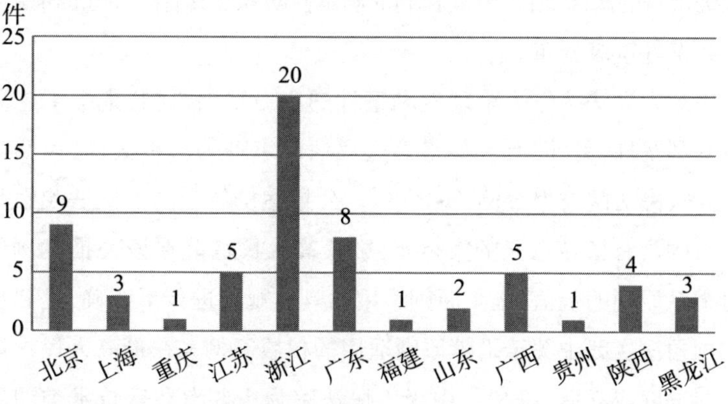


**图 3 案件地区分布**

3. 案件类型分布(见图 4)

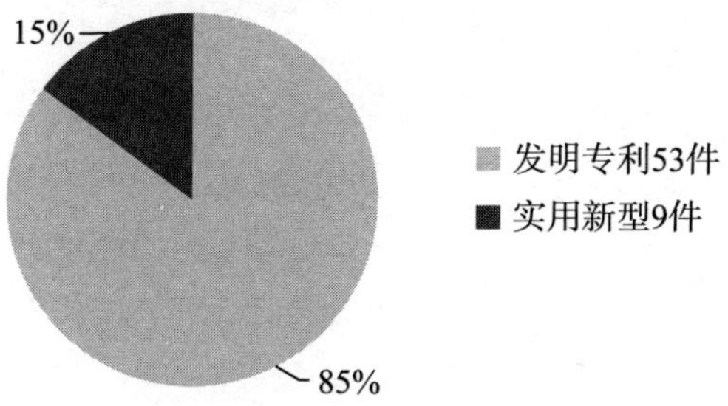


**图 4 案件类型分布**

《专利法司法解释(一)》第 5 条的法条规范是对专利侵权程序中,说明书与权利要求书未能保持对应关系情况下,对专利权利保护范围如何确定的问题。按此,发明专利与实用新型都是以权利要求书和说明书为专利登记文件的专利权利类型,都能援引上述司法解释适用。司法实践中涉案纠纷虽以发明专利为主,但仍有诸多案例涉实用新型专利。与实用新型专利不同,发明专利授权经过了实质审查,但仍然在权利要求书与说明书的对应关系上可能存在不适当之处。由此可见,专利文件确属难以准确撰写的法律文件，专利权利的确定性问题是具有时间性的命题。

4. 案件审级分布

中级人民法院作为审理专利案件的主力审判机构，集中了主要的一审专利案件，另外，有一件最高人民法院审理的再审案件，该案同时系最高人民法院公报案例（见图5）。公报案例属最高人民法院最早对外公布的具有指导意义的案例形式，最高人民法院在该公报案例判决中对捐献原则的价值、捐献原则适用的具体规则进行了明确，是目前为止我国司法实践中关于捐献原则适用的权威案例。在最高人民法院知识产权法庭成立后，以相关中级人民法院为主要专利等技术类纠纷的一审审判主体、最高人民法院知识产权法庭直接以二审的审理模式初步建立，对统一专利技术类纠纷的审判尺度、确立裁判规则大有裨益。

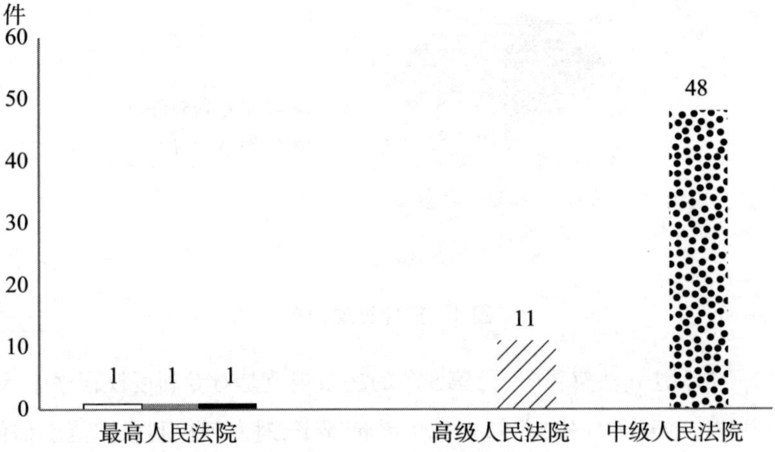


**图5　案件审级分布**

（三）我国适用捐献原则典型案例分析

到目前为止，最高人民法院适用捐献原则审理的案件，仅有一件，即陈某弟与浙江乐雪儿家居用品有限公司、何某华及第三人温士丹侵害发明专利权纠纷案。该案由最高人民法院提审,对涉案技术方案被捐献时的条件进行了阐释(在本书的第二章有所讨论)。

除此之外,均为地方法院适用捐献原则的案件。以下部分,笔者将对选取的相关典型案例进行简单介绍后,在每个案例的最后部分进行评析,以概述我国司法实践中适用捐献原则时的情况。

1.陕西银河消防科技装备股份有限公司与山东省天河消防车辆装备有限公司侵害发明专利权纠纷[1]

涉案专利名称为"多核驱动的多级增压组合式消防排烟装置",涉案专利权利要求1记载,专利的控制系统由"无线控制器"和"接收装置"组成,被控侵权产品的特征为"控制系统中的控制器是有线控制器"。

济南市中级人民法院一审认为,涉案专利的说明书记载:该专利设置有控制系统,控制系统可以是无线控制亦可是有线控制系统,本发明采用无线控制系统,它包括无线控制器、接收装置。根据这一记载,有线控制系统属于涉案专利权放弃的技术方案。被控侵权产品的控制系统采用"有线控制器",与涉案专利保护的"无线控制器"特征相比,两者采用的技术手段不同、达到的效果亦不相同。法院未认可原告关于"有线控制系统"与"无线控制系统"等同的主张,认为应当适用捐献原则。陕西银河消防科技装备股份有限公司的上诉意见则认为专利说明书中并没有明确地公开"有线控制器"这一技术方案,适用捐献规则不当。山东省高级人民法院二审维持一审判决。

涉案专利权利要求书使用了"包括"的术语,是一种开放式的术语。术语"包括"、"由……组成"或者"基本上由……组成"是专利文件撰写中连接前序与权利要求主体部分的几种常用过渡句,其中该案中使用

[1] 山东省高级人民法院(2015)鲁民三终字第151号民事判决书。

的“包括”这一术语,包括了具有在权利要求主体中所有描述要素的技术,与该技术是否包括附加要素没有关系。[1] 也就是说,权利要求如果记载了包括A、B、C的技术特征,是指覆盖了至少A、B、C几项,同时也对其他特征开放,即A+B+C或A+B+C+D等。按此,该案中,采用了包括无线控制器、接收装置的无线控制系统的技术方案即应当落入权利人的专利保护范围,从而构成专利侵权。两审法院适用捐献原则的依据在于说明书中同时公开了控制系统亦可是有线控制系统,而权利要求书只主张了无线控制系统的权利。该案一审裁判实则从不构成等同侵权及应当适用捐献原则两个层面建立了其裁判逻辑,而被诉侵权方在其上诉意见中也对说明书中是否公开了“有线控制器”的技术方案存疑。由此,在捐献原则的适用中,“公开物”与“等同物”的关系为何,说明书中对技术方案的公开到哪种程度能够触发捐献原则,是该案留下的思考。

2. 苏州安特威阀门有限公司与上海开维喜集团股份有限公司、柳州化工股份有限公司侵害发明专利权纠纷[2]

涉案专利系名为“双阀一体式盘阀”的发明专利,其独立权利要求1载明,其特征在于,所述阀杆组件由摇杆、固定阀轴、焊接在固定阀轴上的横轴及和横轴焊接在一起的驱动件组成等。

一审法院认为,关于被告比对意见中涉及的捐献原则,涉案专利说明书描述了横轴和固定阀轴可以采用焊接、花键、销钉连接或整体锻造的连接方式,但其在权利要求1中却仅记载了焊接的连接方式。依上述规定,涉案专利说明书中所描述的横轴与固定阀轴之间采用花键、销钉连接或整体锻造的技术方案,应视为被捐献给了公众,在专利侵权纠

〔1〕 Mannesmann Demag Corp. v. Engineered Products Co. ,Inc. ,793 F. 2d 1279. 230 USPQ 45(Fed. Cir. 1986).

〔2〕 上海市高级人民法院(2017)沪民终字第23号民事判决书。

纷中,原告不得再将这些技术方案纳入其专利权的保护范围。法院同时认为该案不构成等同侵权,基于捐献原则实质上是对等同原则适用的一种限制,在此情形下亦无考虑捐献原则的适用。

上海市高级人民法院二审认可了一审裁判的意见并进一步阐释捐献原则所蕴含的专利公示价值:发明和实用新型专利的申请人在撰写权利要求时,理应对我国专利制度和相关法律进行了解,并审慎斟酌写入权利要求之文字,以便正确界定专利技术方案的保护范围并确保其创新之技术方案得到法律的充分保护,同时在获得专利授权后亦应依据其被授权之权利要求严格依法行使其权利。如果人民法院允许专利权人在民事诉讼中对其在专利授权过程中已经权利要求文字确定的权利保护范围进行随意增减,不但有损公众基于专利公示制度产生的信赖利益,而且会导致专利行政授权和司法裁判之间的冲突,最终损害我国的专利保护体制。

该案与前述陕西银河消防公司专利纠纷一案又略有不同,虽然专利文件也存在说明书或附图中描述而在权利要求中未记载技术方案的情形,但该案被控侵权的技术方案并不是说明书或附图中描述而在权利要求中未记载的技术方案,也不是与权利要求记载的技术方案等同的技术方案。该案裁判认为,在被控侵权技术方案与权利要求本身就不构成等同侵权的情形下,侵权判定程序就已经结束而没有适用捐献原则的空间。因为被控侵权技术方案与说明书公开的其他未被主张权利的方案也不相同,从侵权判定的角度,确实与捐献与否并无直接关联。值得关注的问题在于,捐献原则被视为对等同原则适用的限制之外,捐献原则同时也是专利侵权纠纷中确定专利保护范围的权利要求解释原则。二审裁判进一步阐释了捐献原则的适用对专利文件撰写水准提升、专利质量的提高及整体的专利保护体制优化等方面的引导作用,指示了捐献原则这一微观专利法律原则在专利制度整体创新激励中的重要作用。

3. 青岛汉尚电器有限公司与图们惠人电子有限公司等侵害发明专利权纠纷[1]

该案涉及名称为“榨汁机”的发明专利，专利权利要求1记载：一种榨汁机，包括……并具有：导向爪，其在所述外壳的底部上形成……当事人对涉案专利与被控侵权产品技术特征对比的争议为：涉案专利权利要求1中所述的“导向爪”，在说明书中记载为“形成环绕压力排出通道的圆形导向爪，使网孔筒的底环插入并固定到导向爪，以固定网孔筒”。汉尚公司认为，涉案专利说明书解释该部分权利要求时将“导向爪”记载为“圆形导向爪”，“圆形导向爪”应当适用捐献原则，而不应当落入专利权利保护范围。

关于该项技术特征，两审法院均认为，根据权利要求书和说明书的记载，被控侵权产品碗状外壳底部上带卡口的环形壁状突起与权利要求1中的导向爪构成等同。该案涉案专利权利要求1中的“导向爪”和说明书中的“圆形导向爪”是上位概念和下位概念的关系，后者是对前者的具体化，并不符合捐献原则适用的情形。据此判定被告圆形导向爪的技术特征落入专利权利要求1的保护范围。

该案裁判文书关于捐献原则适用的说理也颇具代表性。涉案专利权利要求与说明书的状况，概括而言，是说明书公开了较小范围（下位概念）的某一技术特征，而权利要求书主张了一个更大范围（上位概念）的专利保护范围。这种情形下可能出现的问题是，权利要求书能否得到说明书支持的问题，是关于专利权利效力的问题而并非捐献问题。捐献原则与该案所述情形刚好相反，说明书公开了更大范围（上位概念）的某一技术特征，而权利要求书主张了一个较小范围（下位概念）的

[1] 北京市高级人民法院（2016）京民终字第237号民事判决书。

专利保护范围，上位概念技术特征的公开是否代表所有下位概念技术特征被捐献给了公众，是捐献原则具体适用过程中需要明确的问题。

4. 雷天温斯顿电池技术有限公司与浙江佳贝思绿色能源有限公司侵害发明专利权纠纷[1]

涉案专利系名称为“多极柱大功率输出之锂离子电池”的发明专利，该专利权利要求1为：一种多极柱大功率输出之锂离子电池，包括：……电池芯体的正负极片的无涂层基板面端以相反方向布排，正、负极片无涂层基板面端分别由带极柱束头装订连接等。双方主要争议焦点在于被诉侵权技术方案正负极片的无涂层基板面端以相同方向布排，极柱指向相同且从壳体的同侧导出这一技术特征，是否与权利要求1相应技术特征构成等同的技术特征。

根据涉案专利在说明书中的内容，极柱导出方向的不同，对于锂电池应用领域及其负载条件存在差异，法院据此认为改变极柱的导出方向可以满足不同领域、各种不同负载条件下的使用要求，在申请专利时权利人对此应有预见。涉案专利权利要求书中仍然明确使用“以相反方向布排……”的措辞，而在说明书中公开的另一种极柱从壳体同一端输出的技术方案，应视为专利权人将其捐献给社会公众，不得在专利侵权诉讼中主张上述内容属于等同特征应该涵盖的范围。二审法院维持了一审的判决。

该案是适用捐献原则排除等同侵权认定的范例，在说明书和附图中公开而权利要求书中未主张的部分视为捐献给公众，进而不能在侵权诉讼中主张公开而未纳入权利要求保护的部分与权利要求书记载的字面含义等同。笔者注意到一审判决的说理中特别提到了预见性的问题，法院认为权利人专利说明书中技术背景部分的记载已经充分表明

[1] 浙江省高级人民法院(2016)浙民终字第530号民事判决书。

权利人知晓极柱导向差异性带来的效果上的区别，而权利人在撰写权利要求书时，仍然未能把在说明书中公开的另一种方案纳入权利要求的范围，此时应当认为权利人就是把这部分技术方案捐献给公众。从司法解释关于捐献原则的法律构成要件来看，我国现行捐献原则的适用是一种当然捐献的进路，即不考虑权利人的主观动机，对权利人是较为严苛的。该案中所谈到的“预见性”，实则是考虑了权利人的主观动机，法院认为权利人在保护自己的权利上至少是有重大过失的，其相应失权的法律后果应当自行承担而不能转嫁给他人或相关公众。

5. 刘某胜与深圳市喜兔家居用品有限公司侵害实用新型专利权纠纷〔1〕

涉案专利的名称为“一种多功能座躺椅”的实用新型专利，专利权利要求 1 记载：一种多功能座躺椅，其特征在于……其中，所述底架固定于支撑架上，所述座架固定于所述底架上；所述底架包括底面及与背架相连的第一侧杆及第二侧杆，所述第一侧杆与所述第二侧杆相对设置，所述底架面上的两侧上设有与座架相连的所述第一调节滑轨及所述第二滑轨。被诉侵权产品有一技术特征在于采用弹簧一端连接在座垫底面。

广东省高级人民法院审理认为，涉案专利说明书中记载了“……弹簧的一端与座垫的底面相连……”但由于专利权人在撰写专利权利要求时，并未将专利说明书的上述方案体现在权利要求中，这在客观上缩小了专利保护范围，应当适用《专利法司法解释(一)》第 5 条的捐献原则。

该案专利系一项实用新型专利。不同于日本、韩国、德国等国分别立法的立法例，我国由同一部《专利法》统摄发明、实用新型、外观设计

〔1〕 广东省高级人民法院(2017)粤民终字第 1248 号民事判决书。

不同类型的专利,只是区分不同的专利类型分设不同的审查授权程序并给予不同的保护期。发明因其要求具有高度新颖性、创造性而采用申请加实质审查的授权程序并给予20年的保护期,实用新型则被认为是较发明而言,新颖性、创造性不足但仍具有一定实用性的专利类型,其授权不需要经过专利授权机关的实质审查且保护期为10年。也有疑问在于,从捐献原则的价值取向来看,捐献原则要防止专利权人规避授权程序的行政审查,避免专利权人两头得利。实用新型专利本身并未经过实质审查程序,捐献原则的制度目的是否也与实用新型专利的特征契合。理论与实践都表明,发明和实用新型的共同之处是二者的专利文件都包括权利要求书、说明书及附图等。按照《专利法司法解释(一)》第5条的规定,捐献原则的适用指涉的是权利要求书与说明书、附图的对应关系,而并未区分专利的类型适用。值得注意的是,法院在判决中还进一步阐释了捐献原则作为权利要求解释规则对专利公示性功能的意义。

6. 东莞市菱点朗五金有限公司与东莞市锦湖五金电子有限公司侵害实用新型专利权纠纷〔1〕

涉案专利系名为"一种信号母插座"的实用新型专利,将被诉侵权产品与涉案专利的权利要求1的技术特征进行对比,二者的技术特征相同。被告指出:专利说明书附图中所描述的部分技术特征与被诉侵权产品的技术特征不符,由此提出不侵权的抗辩。

法院审理认为,根据《专利法》第59条第1款、《专利法司法解释(一)》第5条及《专利法实施细则》第19条第4款等规定,说明书和附图仅系对专利权利要求的解释和理解,而并非对权利要求的限定,判定涉案专利的保护范围应以权利要求中记载的技术方案为限。被诉侵权产品技术特征与权利要求1的技术特征完全相同,被告同时又以专利

〔1〕 广东省高级人民法院(2015)粤知法专民初字第1490号民事判决书。

说明书附图的内容与被诉侵权产品技术特征不一致为由,否认落入原告的专利保护范围的主张不能成立。

专利侵权判定一般分两个步骤进行:首先,确定专利权利的保护范围,这一过程即是对权利要求进行解释的过程,需要遵循权利要求解释规则。权利要求书与说明书会产生法律上的关联,说明书如何解释权利要求而不是限定权利要求是权利要求解释的重要原则。其次,一旦权利要求所界定的技术特征确定,侵权认定的比对则只在被诉侵权技术方案与权利要求析出的技术特征之间展开,而说明书载明的技术特征不是侵权判定的直接对比依据。该案被告提出的抗辩,实际是关于权利要求、说明书及被诉侵权方案三者的一致性问题,专利法并未赋予说明书单独界定专利权利范围的功能。相反,权利要求完全有可能在说明书具体的技术方案上概括出更抽象的权利范围,除非说明书中有明确具体的限定。而在解释权利要求的过程中,权利要求文字自身是具有最高位阶效力的解释依据。按此,说明书中公开的技术特征与权利要求中概括的内容不完全契合是专利文件的常态,否则,就无须区别权利要求书与说明书的内涵和功能定位了。该案的裁判中虽然引用了捐献原则的司法解释条款,但该案实际是在相同侵权情形下的专利侵权,是否需要进一步援引捐献原则的适用值得思考。但从另一个层面来看,捐献原则除了在限制等同原则适用时,在侵权程序中,同时也是指引理解说明书与权利要求关系的专利权利保护范围界定的法律依据,适用该条款进行权利要求解释,亦无不当。

7. 上诉人陈某清诉被上诉人国家知识产权局专利复审委员会、原审第三人东莞市明驰光电科技有限公司发明专利权无效行政纠纷[1]

陈某清系“冷光片瓶贴及其防水制造工艺”发明专利的专利权人,

---

[1] 北京市高级人民法院(2017)京行终字第1082号民事判决书。

东莞明驰公司以专利权利要求 1～7 不具备创造性为由提出无效宣告请求。其权利要求 3 为根据权利要求 1 所述的冷光片瓶贴,其特征在于:所述电池盒底座的外形设计为充分配合瓶子底部的形状,可以很隐蔽地装在瓶子底部。专利说明书发明内容部分另公开了“瓶子能稳固地安放在底座上”的技术方案。

囿于篇幅的原因,对该案的复审过程和评价涉案专利有效性等方面的理由不予赘述。笔者注意到在判决中提到了对权利要求解释的意见,认为权利要求解释应当符合“语境论”,权利人可以充当自己的“辞典”,对其权利要求中的用语进行定义,其前提是在说明书中予以说明。[1]“可以很隐蔽地装在瓶子底部”,和瓶子“安放在底座上”,两种设置方式是并列的技术方案。专利的保护范围以权利要求为准,法院指出专利权人在撰写权利要求时并没有对“安放在底座上”的技术方案主张权利,即是明显将其排除在权利要求保护范围之外,应视为其将该技术方案捐献给了公众,不应读入权利要求中。

该案是在无效宣告行政诉讼程序中适用捐献原则评判专利权利保护范围的案例。司法解释关于捐献原则的适用,有“侵权程序”的限定,但理论和实践都认可,在面对权利要求和说明书的关系问题时,并不是侵权程序中才会涉及捐献原则所面对的状况,前述亦有法院持捐献原则为权利要求解释规则的裁判。由此引发的是,捐献原则仅在专利权保护阶段适用或者在专利授权、确权及保护阶段均作为权利要求保护范围的解释依据,如果是后者,捐献原则司法解释的法规范基础是什么? 除此之外,在该案中,法院还提到了说明书中的两种方案属于并列

---

〔1〕 即当权利要求中的术语在所属技术领域有通常含义,在说明书中也有特别限定的含义,如果该限定的含义是清楚的,所属技术领域人员能够明白其限定的含义的,应当采用说明书中限定的含义来确定该术语的含义;如果说明书中没有特别限定的含义,或者限定的含义不清楚,所属领域技术人员无法明白其限定的具体含义的,则应当采用所属技术领域的通常含义。

的技术方案,而权利要求中仅择其一予以主张权利,也细化了技术方案公开的特定化标准。

## 二、捐献原则适用中的问题

经过梳理,笔者发现,我国司法实践中在适用捐献原则时,还存在一些问题。

### (一)捐献原则适用必要性的质疑

在有些案件中,法官对捐献原则的理解是错误的,法官根本没有必要适用捐献原则。如在广东美的制冷设备有限公司与珠海格力电器股份有限公司侵害实用新型专利权纠纷中,法官认为,专利权利保护范围的缩小即适用捐献原则。该案的裁判逻辑是,说明书中未公开"可拆卸"的技术方案而权利要求中要求保护"可拆卸"的这一技术特征,系权利人对专利保护范围的缩小,所以适用捐献原则。而捐献原则的本质在于权利人对其实质性已经拥有的技术方案的放弃,逻辑是我拥有而我不主张权利,从而未主张的部分视为捐献给公众的智慧财富。虽然也是权利人专利保护范围的缩小,但因为并无说明书中相应清楚、完整、能够实现的技术方案的公开,并无依据证明权利人享有对这部分技术方案的权利,并不存在适用捐献原则的条件。从对比公报案例对捐献方案"被特定化"的裁判规则来说,说明书中甚至没有支持"可拆卸"的技术方案,自然是不满足被特定化的条件,不应当适用捐献原则。

### (二)捐献原则适用条件的误读

混淆了捐献原则与禁止反悔原则的适用基础和条件。在艾默生电气公司、潍坊百适精密机械制造有限公司侵害发明专利权纠纷中就是如此。捐献原则的适用仅仅针对已经获得授权的生效专利文件,具体而言,只在授权专利文本——权利要求书和说明书、附图的范围内进行对比。而禁止反悔原则涉及专利形成过程中两个阶段的文本,即已经获得授权的生效专利文件和专利申请人(此时尚不是真正意义上的专利权利人)在专利授权程序中的修改档案。二者的根本区别是,在最终的权利要求中放弃相关的技术特征或授权过程中放弃相关技术特征,所谓现时与彼时之对比才能谓之“反悔”的问题。虽然该案二审改判的重点在于对权利要求技术特征的不同认识,但是按照该案一审的裁判逻辑,也是应当适用禁止反悔原则而非捐献原则,因为并无捐献原则适用的空间。同样是作为与等同原则适用相关联的两项专利法律原则,该案一审的裁判也提示了对捐献原则适用进一步的思考,即捐献原则固有其适用的具体法律构造,但与专利制度的其他同类法律原则的适用也会产生关联,应当从整个专利法律制度的视角探讨捐献原则的适用。

(三)捐献原则制度功能的忽视

以《专利法》第 59 条架空捐献原则条款的适用,忽视捐献原则在侵权判定中对等同原则适用的限制功能。在程某广诉宁波高新区汇富科技有限公司等侵害实用新型专利权纠纷一案中,[1]法院认为,被控侵权的技术方案采用的“轴接”连接方式与涉案专利权利要求记载的“轴承连接”属等同技术特征(在专利复审委员会就该专利无效宣告请求的口头审理中,权利人的委托代理人陈述,权利要求 1 限定的就是轴承连接,而不是轴接),但不应适用捐献原则排除的技术方案。理由是根据《专利法司法解释(一)》第 5 条捐献原则的规定,结合《专利法》第 59 条关于“发明或者实用新型专利权的保护范围以其权利要求的内容为准”的规定可知,前述司法解释规定的含义在于:不能仅以说明书或附图的内容确定专利权的保护范围,而仍应以权利要求记载的内容为准;凡具备与权利要求所载全部技术特征相同或等同的技术方案均落入专

〔1〕 浙江省高级人民法院(2015)浙杭知初字第 554 号民事判决书。

利权的保护范围。上述裁判的逻辑是,强调权利要求书是专利权保护范围的唯一确定性依据,将说明书与附图视为确定专利权利范围时无关紧要内容,认为只以权利要求书的字面技术特征和与之等同的技术特征确定保护范围即可,实际上不当地架空了捐献原则条款限制等同原则适用的法律功能。

## 三、捐献原则的反思

### (一)位阶较低,仅适用于侵权判定阶段

在我国专利制度上,捐献原则并没有上升到法律的层面,有关专利捐献的内容只体现在最高人民法院的司法解释中。在专利法中,并没有关于捐献的表述。按照《立法法》的规定,司法解释并不是我国法的法律渊源,它只是我国的司法部门在适用法律上的一些指导意见。由此产生的问题是,由于立法上没有规定该规则,而司法解释却规定了该内容,其合法性就受到了质疑。另外,由于最高人民法院的司法解释仅是在侵权判定时规定了该原则,那么该原则在授权确权时是否使用也存在讨论的必要。

尽管 TRIPs 在序言中明确规定,包括专利权在内的知识产权是私权,但是知识产权这一私权与作为传统私权的所有权仍然存在差异。在讨论知识产权的合法性和正当性时,尽管很多学者借用了自洛克以来的自由主义的传统,认为知识产权是一项自然权利,其基础在于人们的劳动,即劳动财产权利理论。[1] 但很多学者也没有忽略知识产权,特别是专利权和所有权的差别。如果坚持彻底的劳动价值理论,至少在程序上无法解释,为什么专利权还需要经过国家知识产权行政部门的授权。有观点指出,在专利权的授权和确权程序中,国家知识产权行政

---

〔1〕 [英]洛克:《政府论》(下),翟菊农、叶启芳译,商务印书馆1964年版,第67页。

部门的作用只是划定专利权的范围,专利权的基础仍然是人们的智力劳动。这一观点强调了发明人在专利权中的重要性,但无法解释为什么国家知识产权行政部门可以对专利权的范围进行修改,而且,在某些发明中,即使发明人可以充分证明自己的智力劳动,由于该发明可能涉及一些国防、安全、伦理等问题,也不能授予专利。这反而证明,公权力在专利权产生中的重要性。有学者,曾经讨论了专利权产生中的民主程序,这也暗示了公权力对专利权的影响。[1] 事实上,在产业界,自由竞争和模仿是常态,知识垄断是例外,而知识产权是制约人们行为自由的规则。就此而言,无论是洛克传统的劳动财产权理论,还是黑格尔传统的人格权理论,在实践中都存在对知识产权正当化的困难。相反,从法政策学的角度,依靠激励理论似乎更具有说服力。由于技术是不统一的,在不同领域呈现不同的特点,在实践中,有时法院经常采取专利政策。[2] 尽管在这种政策的形成过程中,由于起决定作用的是易于组织化的大企业,他们有可能会为了自身的利益,使知识产权的保护过度强化。[3]

由于专利权不是自然权利,在专利权的产生过程中,国家机关发挥了很大作用,它会在对什么样的技术应授予专利、专利范围的大小等方面,进行产业政策的衡量。与版权不同,在人类历史上,从来没有学者主张,应当对专利权给予永久的保护。[4] 考虑全球范围内的信息公平,采取专利权工具论的立场似乎更为可行。然而,由哪个机构发挥这种功能,既能保证专利权激励技术发明创造的功能,又能保证信息公平,

---

〔1〕 康添雄:《专利法的公共政策分析》,华中科技大学出版社 2019 年版,第 18 页。

〔2〕 [美]丹・伯克、[英]马克・A. 莱姆利:《专利法的政策杠杆》,唐俊芳等译,载李扬主编:《知识产权法政策学论丛》,中国社会科学出版社 2009 年版,第 99 页。

〔3〕 [日]田村善之:《智慧财产法政策学初探》,李扬等译,载李扬主编:《知识产权法政策学论丛》,中国社会科学出版社 2009 年版,第 78 页。

〔4〕 [澳]彼得・德霍斯:《知识财产法哲学》,周林译,商务印书馆 2017 年版,第 215 页。

各国采取的模式并不相同。

由于专利权保护的是技术,而且公共领域理论又要求不能把公共领域的东西纳入私有领域,各国专利法均规定,被授予专利权的技术应当具有新颖性。也就是说,被授予专利的技术不能是现有技术。这里面隐含了一个对比,就是申请专利的技术和已有技术的对比。由于现有技术的范围非常宽泛,现有技术可以表现在纸介、电子、产品等载体上,这种对比就非常复杂。因此,各国都建立了庞大的专利检索系统并配置专利审查人员,借助于专利检索系统,专利审查人员才能大致判定申请专利的技术是不是具有新颖性。这一工作是由国家专利局完成的。〔1〕无论专利局对申请技术是否授予专利权,都有可能引起异议。如果没有授予专利权,申请人可能提出异议;如果授予了专利权,由于这种专利权有可能制约了相关领域的人们行为自由,则第三人有可能提出异议。此时,就有一个机构对这种异议进行审查,在我国,这种机构叫专利复审委员会。但是,专利复审委员会的审查结果并不是最终的,申请人和第三人仍有可能提出异议。因此,多数国家的专利法规定,对专利复审委员会的决定,当事人具有向法院提起诉讼的权利。TRIPs 第 41 条第 4 款也对世贸组织成员有明确的要求,它要求成员国的法律必须给予诉讼当事人对行政机关的最终决定提起民事诉讼的权利。〔2〕

问题的焦点在于,法院对国家专利复审委的审查决定有无进行修改的权利。存在两种模式:一种模式是,法院对国家专利复审委的决定只能维持或者撤销,对国家专利复审委的决定内容不能改变,也就是

〔1〕 不同国家授予专利权的机关名称不甚相同,但其功能基本相同。

〔2〕 TRIPs 第 41 条第 4 款规定,“诉讼当事人应有计划对最终行政裁定进行审查,并在遵守一成员法律中有关案件重要性的司法管辖权规定的前提下,至少对案件是非的初步司法裁决的法律方面进行审查。但是,对刑事案件中的无罪判决无义务提供审查机会”。

说，有关专利效力的最终决定权交由国家专利复审委，即使法院撤销了国家专利复审委的决定，对有关争议，仍然要交回复审委进行复审，对有关技术方案是否授权、授权范围等法院无权置喙。法院只是审查假定专利权有效的专利侵权案件，对专利效力本身并不做审查。由于这种模式仅由国家行政机构对专利权的有效性进行审查，因此被称为单轨制。即国家行政机构负责专利的有效性问题，法院只审理有关专利侵权的案件。另一种模式是，法院对相关专利行政机关的决定可以进行修改，可以直接判定争议专利的效力。法院不仅对当事人提出的对相关专利行政机关的决定不服的决定直接进行修改，也可以在专利侵权诉讼中，对专利的效力进行审查。这种模式被称为双轨制。

我国实施专利确权的单轨制，由设在国家知识产权局内部的专利复审委员会对专利权利的效力进行审查〔1〕；在民事诉讼中，以专利有效性为原则，不涉足专利的有效性审查。当事人对复审委的决定不服，只能以复审委为被告提起行政诉讼，法院只能支持或者否定复审委的决定，不能直接改变复审委的决定内容。理论上，即使经过行政诉讼程序，复审委仍然可以不改变其决定内容，当事人仍然可以重新提起行政诉讼，其结果是循环诉讼的发生。在实践中，曾有诉讼持续了 11 年。对我国有关专利的民事侵权程序与行政无效程序的二元分离体制导致现行确权程序过于复杂冗长、专利有效性的诉讼定性不科学等问题，学界多有声音呼吁对这种制度进行改革。〔2〕

在单轨制的确权模式下，其专利的有效性、专利权的范围等，均由

〔1〕 2019 年 2 月后，复审委并入国家知识产权局专利局，对外的名称由“国家知识产权局”加具体业务类型构成。为行文方便，本书沿用“复审委”的称谓。

〔2〕 参见郃中林：《知识产权授权确权程序的改革与完善》，载《人民司法》2010 年第 19 期；朱理：《专利民事侵权程序与行政无效程序二元分立体制的修正》，载《知识产权》2014 年第 3 期；李明德：《关于我国知识产权法院体系建设的几个问题》，载《知识产权》2018 年第 3 期；郭禾：《专利权无效宣告制度的改造与知识产权法院建设的协调——从专利法第四次修订谈起》，载《知识产权》2016 年第 3 期；等等。

国家知识产权行政机构来确定。法院受理的案件,仅涉及在假定专利有效的前提下,是否构成侵权的问题。然而,专利捐献原则在司法中的适用,却又在一定程度上打破了这种专利效力和专利侵权的二元机制。当法院在审理案件时,将那些没有在权利要求书中主张而仅在说明书中记载的技术特征,视为捐献给了公众,这与重新划定了专利权的范围没有根本差别。问题在于,在专利确权过程中,国家知识产权行政机构是否应当适用捐献原则呢?

从理论上讲,专利捐献原则既可以被视为专利侵权判定的规则,也可以被视为确定专利权范围的规则。它讨论的是,在发明申请中,哪些技术特征应当受到专利权的保护,哪些特征应当置于公有领域,这是判定专利侵权的前提,同时也是确定专利权范围的过程。当申请人将其技术方案提交到国家专利局请求授予专利权,国家专利局对此请求进行审查。在此过程中,专利审查人员与申请人会经常互动,专利审查人员也会要求申请人对其方案进行修改。最终,专利审查人员对该技术方案是否授予专利权作出决定。这一过程,被称为专利的授权。如前所述,无论国家专利局对申请的技术方案是否授予专利权,都可能引起复议申请,最后由复审委员会对专利权的有效性进行审查,此过程被称为确权。当事人对复审委的决定不服可以向法院提起民事诉讼,但目前我国法院对复审委的决定审查按照行政诉讼程序进行,法院并不实质对专利的有效性进行审查。在司法实践中,反而推定涉案专利的有效性。[1] 事实上,在现有技术的抗辩中,当涉嫌侵权的被告即使向法院证明自己的产品或方法使用现有技术,即使其产品或方法与专利权人的产品或方法相同或者等同,法院也仅判决被告不构成侵权,并不对专

---

〔1〕 北京市高级人民法院发布的《专利侵权判定指南》第6条规定,“在权利人据以主张的专利权未被宣告无效之前,其权利应予保护,而不得以该专利权不符合专利法相关授权条件、应予无效为由做出裁判”。

利权的有效性进行裁判。这就是说,在我国的司法实践中,法院对专利的有效性是不进行裁判的。由此可见,专利的授权、确权过程完全是国家知识产权局专利局的职责范围,专利的侵权纠纷由法院管辖。与此相关的问题是,作为司法解释内容的专利捐献原则,国家知识产权局专利局和专利复审委员会是否也应当适用该原则?该原则与全面覆盖原则、等同原则的不同在于,后面的原则仅为侵权判定的规则,而专利捐献原则同时还具有划定专利权范围的功能。就此而言,在授权和确权过程中,专利捐献原则存有适用的空间。但是,就国家知识产权局颁布的《专利审查指南》看,并没有专利捐献原则的内容。

(二)捐献制度较为僵硬

适用捐献原则对等同原则进行限制,尽管维护了专利保护范围的稳定性,给第三人提供了预期,维护了第三人的信赖利益;但如果不加区别地适用这一原则,会对专利权人保护不利,从而挫伤发明人的积极性。更重要的是,由于多数专利实现了发明人与专利撰写人的分工,专利撰写人没有足够的激励去撰写高质量的专利申请文件,即使发明人本来想纳入专利保护范围的技术方案,而因撰写人未尽职责却没有记载到权利要求书中,如此,对专利权人就更为不利。我国关于捐献原则的规定源于美国判例。因此,梳理美国的代表性案例或许具有一定的参考价值。在1996年的麦克斯韦案中,美国联邦巡回上诉法院指出,不能通过适用等同原则将专利权人已经捐献给社会公众的技术方案重新纳入保护的范围,并指出扩大型再颁专利制度可以为捐献原则提供救济机会。[1] 然而,在1998年的YMB马克内克斯案中,又否定了麦克斯韦案中的立场,指出捐献原则不是一般性原则,而应当遵守美国联邦最高法院在华纳－詹金森一案中的判决,即等同不必限于专利文件中

〔1〕 86 F.3d 1098,39 USPQ 1001 (Fed. Cir. 1996).

记载的技术方案,专利说明书记载而没有在权利要求中记载的方案也可以适用等同原则,这些方案并没有统统地捐献给社会公众。[1] 这一判决让捐献原则变得模糊不清。直到2002年的强生案,美国联邦巡回上诉法院以全体法官参加的方式作出了重要判决。该案重申了麦克斯韦案的观点,在说明书中公开但没有记载在权利要求中的技术方案不予保护,否则就违背了权利要求定义专利权保护范围的基本原则。[2] 值得注意的是,尽管很多学者认为,该案最终确定了捐献原则的适用情况,但由于该案双方均没有向最高法院提出调卷令的请求,该问题目前仍处于悬而未决的状态。其理由在于,美国联邦最高法院对捐献原则的未来至此还没有明确的态度。相反,美国联邦最高法院在华纳-詹金森案中确定的立场是,等同原则并不是在任何情况下,均不适用于公开的未在权利要求中记载的技术方案。也就是说,在说明书中公开但未记载在权利要求中的技术方案并不必然不能受到等同原则的保护,未记载在权利要求中的技术方案应有充分适用等同原则的可能性。[3] 按此,美国联邦巡回上诉法院的态度与美国联邦最高法院的态度是不一致的。[4] 按照普通法原则,如果最高法院没有推翻的先例,下级法院是不能忽略的。[5] 这意味着,在美国,捐献原则只是在个案中予以适用,还没有上升到不被推翻的先例的层面。

我国司法解释中规定的捐献原则似乎过于严格。它把那些在说明书中公开但没有记载在权利要求书中的技术方案统统排除在保护范围之外。这种表述是一种当然捐献原则。然而,专利权保护范围并不必

---

〔1〕 145 F.3d 1317,46 U.S.P.Q.2d (BNA) 1843 (Fed. Cir. 1998); 1998 U.S. App. LEXIS 21375 (Fed. Cir. Aug. 21,1998).

〔2〕 285 F.3d 1046,1052,62USPQ2d 1225,1228 (Fed. Cir. 2002) (en banc).

〔3〕 Thomas R. Hipkin, A Rebuttable Presumption of Dedication,779 Min. L. Rev.,87(2003).

〔4〕 [美]罗杰·谢科特、约翰·托马斯:《专利法原理》,余仲儒译,知识产权出版社2016年版,第282页。

〔5〕 Rodriguez de Quijias v. Shearson/Am. Express,Inc.,490 U.S. 477,484(1989).

然仅仅是权利要求,应当结合权利要求书和说明书及附图等来界定。那些没有记载在权利要求书中的技术方案,要么出于发明人的策略原因,要么出于专利申请书撰写人的水平的原因。如果因为发明人的策略,他为了容易获得专利权而在申请时限缩专利保护范围,在授权时通过等同原则去扩大其范围,这种违反诚信的行为显然不能支持。但如果是因为专利申请书撰写人的水平,就把那些没有记载到权利要求中的技术方案视为捐献给了公众,显然对专利权人是不公平的。Festo 案判决多数意见的政策论点是,限制等同的适用应有助于通过鼓励后续企业进行回避设计和改进从而促进创新,这种观点当然是具有道理的,但他们忽略了这种限制也会极大地削弱进行开拓性创新和基础性研究的动力。通过判决给专利申请人公开技术信息制造法律障碍,这不符合激励科技进步增进公众福祉的立场。专利法律制度最基础的功能之一是传递技术信息,公开某一产品或方法的开拓性进步或最新的技术改进。如果专利法律制度对说明书中公开上述技术信息的人施以惩罚,专利法律制度作为技术信息源的作用无疑会被弱化。没有任何一个专利申请人会故意不追究相同侵权行为而借助通过不确定的等同原则来保护其商业投资。[1]

## 四、我国专利法上捐献原则的完善

### (一)体系性解读和适用捐献原则

我国则最早由北京市高级人民法院在《专利侵权判定若干问题的意见(试行)》(2001 年)第 15 条规定了捐献原则。最高人民法院 2009 年通过的《专利法司法解释(一)》第 5 条吸收了该原则。无论是北京市高级人民法院的文件还是最高人民法院的司法解释,都仅是把捐献原

〔1〕 Festo Corp. v. Shoketsu Kinzoku Kogyo Kabushiki Co. ,Ltd. ,122 S. Ct. 1831(2002).

则作为侵权判定的规则对待的。但是,一如上文所说,专利捐献原则既具有作为侵权判定规则的功能,又具有作为划定专利权边界的功能。那么,作为划定专利边界的捐献原则,涉及的是专利有效性问题,本应属于国家知识产权局的职责,由此看来,专利捐献原则的合法性就有可能受到质疑。

从逻辑上看,由于专利权是一种绝对权,除专利权人之外的第三人均为义务人,为了为他人的行为自由提供确定的空间,专利权应当具备清晰的界限,而权利要求就可以发挥到这样的作用。因此,专利的授权和确权过程非常重要,它不仅对某些技术是否应当授予专利做出结论,还要对专利权的范围进行划定。在划定专利权的范围后,当产生有关的专利纠纷时,法院就会依照国家知识产权局的授权确权范围判定涉案产品是否构成专利侵权。专利授权部门和侵权判定部门的职责分工,只是理论上的分野。然而,在实践中,法院遇到的问题远比理论复杂。当被控侵权产品的技术要素尽管没有落入专利权的保护范围,但该技术要素只是对专利技术特征的简单替换,并可以起到和专利技术特征相同的功能和效果,此时不判定被告侵权,对专利权人显然是不公平的。为此,司法界产生了专利侵权判定的等同原则。在一定程度上,可以认为法院通过这种方式扩大了专利权的保护范围,行使了国家知识产权局的部分确权功能。

从立法和司法的功能分野来看,立法部门负责制定有关法律,其针对的不是具体的人群,它只指向相关人的形式特征,在这个意义上,它具有完全的普遍性。[1] 哈耶克将法律限定为普通法,并认为法律应当是自生自发的规则,并在此基础上否定了立法,认为立法是大陆法系唯

〔1〕 [英]弗里德利希·冯·哈耶克:《自由秩序原理》,邓正来译,三联书店1997年版,第200页。

理主义构建的结果,完全脱离了社会现实。[1] 哈耶克的这种法律观尽管极端,但他认为法律(立法)应当具有普遍性、不能为特定人群立法的特点反映了自古希腊以来的追求分配正义的传统。笔者认为,由于立法与司法功能的分野,立法反映的是人民大众的普遍诉求,它是全国人民的代表,不应当针对特定的人群,它只能具有抽象性、普遍性这一认识还是应当坚持的。相反,司法是为了将立法部门通过的规范适用到个案中,在解决个案纠纷的时候追求司法正义。从认识论上看,由于法律规范的社会生活具有普遍性的情形,更由于立法者的认识能力有限,而当法官面临立法没有规定的情形时又不能拒绝受理,就存在司法部门如何解决纠纷的问题。通常情况下,法院就会通过解释法律来解决面临的纠纷。当然,有时候这种解释在立法部门所通过的规则含义之内,有的则超越了规则的字面含义,但反映了规范的立法目的。

法律解释学发端于解释学。解释学最初的含义是西方正确理解《圣经》内容的活动,其对应的外文为 Hermeneutik,其词根 Hermes 是希腊神话中一位信使的名字,他的职务是通过他的解释向人们传达诸神的信息和命令。而解释学就在《旧约圣经》中犹太民族的特殊历史和《新约圣经》耶稣的泛世说教之间的紧张关系需要对《圣经》做出统一解释时,人们发展出来形成的一种神学解释学,即正确理解和解释《圣经》的技术学。[2] 当这种理解和解释用于哲学经典和法律时,就产生了哲学解释学和法律解释学。早期的哲学家,如施莱尔马赫、狄尔泰等,均将解释学理论界定为认识论的范畴,是为本体论服务的。直到海德格尔,其在《存在与时间》中通过对此在的时间性分析,把理解作为此在的存在方式来把握。而伽达默尔秉持了这一本体论转向,指出解释学绝

〔1〕［英］弗里德利希·冯·哈耶克:《法律、立法与自由》,邓正来译,中国大百科全书出版社 2000 年版,第 121 页。

〔2〕洪汉鼎:《〈真理与方法〉解读》,商务印书馆 2018 年版,第 3 页。

不仅是一种方法论,它还是人们世界经验的组成部分。理解和解释成了存在方式本身。[1] 按照这种对理解和解释的阐释,司法部门对立法部门法律规则的解释,就是不可避免的。由此带来的问题,并不是司法部门对立法部门的规则应不应当解释的问题,而是如何解释,使其成为一个完整的体系。

体系解释指的是以法律条文在法律体系中的地位,也就是依照编章节条项款之前后关联位置,或者相关法条之法意,阐明规范意旨的方法。[2] 其目的在于维护法律规范的有效性,使整个法律构造形成一个逻辑严密的前后呼应的关系。在本书看来,法律解释的目标在于,以法律的立法目的为导向,以法律规则的有效性为原则,对法律规则之间的关系进行解释,不能简单地按照法律规则的文本字面含义武断地得出结论,认为某些规则的规定是受到质疑的。按此逻辑,最高人民法院关于专利捐献原则的规定,就必须置于整个专利法的体系下进行理解,而不能简单地把它作为一个侵权判定的规则。从《专利法司法解释(一)》第5条这一条文的内容看,它侧重下面几个内容:第一,它反映的是说明书和权利要求书之间的关系;第二,它解决的是专利权保护范围问题。其上位阶的条文是《专利法》第59条。《专利法》第59条的表述为“专利权的保护范围”(强调为本书所加)。正是在确定专利权的保护范围时,最高人民法院在审理案件时,探讨摸索出了“全面覆盖原则”“等同原则”“现有技术抗辩原则”“捐献原则”等。在“专利权的保护范围”这一表述中,应当对“保护”做文义解释,即按照文字词句的本义内容解释法律。事实上,法律解释首要的是进行文义解释,且不能超过文字词句的可能的内容。[3] “保护范围”显然指向的是保护机构,意即只有保

---

〔1〕 洪汉鼎:《〈真理与方法〉解读》,商务印书馆2018年版,第4页。
〔2〕 杨仁寿:《法学方法论》,中国政法大学出版社2013年版,第143页。
〔3〕 梁慧星:《民法解释学》,法律出版社2015年版,第216页。

护机构在对专利权进行保护时,才能适用该条款。[1] 按此,当法院受理民事纠纷,当专利行政机构受理行政处罚案件时,可以适用该条款。问题在于,专利捐献原则除了作为侵权判定的规则外,其还具有划定专利权边界的功能。尽管“专利权的保护范围”和“专利权的边界”在绝大多数场合是重合的,但二者文义的差异又延伸出不同的适用范围。例如,当对专利权进行价值评估而去信贷机构贷款时,或者当对专利进行价值评估进行许可、投资等场合,是否适用第 59 条就存在理论上的争议。意即,当不涉及专利权的保护时,由最高人民法院为适用《专利法》第 59 条而产生的专利捐献原则能否得以适用,就存在争论的可能。

由于专利权是一项经由国家专利局核准才能产生的权利,授权后的发明创造获得了国家专利局颁发的专利证书,该证书连同权利要求书、说明书等证实了专利权的存在及权利边界。因此,本书认为专利捐献原则上位条文是《专利法》第 39 条和第 40 条。[2] 原因在于:第一,《专利法》第 38 条规定了发明专利申请人和国务院专利行政部门的互动,发明专利申请人可以按照专利审查人员的要求进行意见陈述和修改,也就是说,发明专利申请人此前已对自己的申请具有明确的认知,其修改或者陈述后的后果,其本人是知晓的。国家专利行政部门之后的决定无论是否授权,申请人都具有明显的预期。第二,第 39 条和第 40 条都明确了,授权后的专利予以登记和公告,具有告知第三人的

[1] 我国在司法实践中,有裁判认为,在确权和授权中,也适用第 59 条。如北京市高级人民法院在一则行政判决书中支持,“尽管 2001 年专利法第 56 条第 1 款关于‘说明书及附图可以用于解释权利要求书’的规定位于第七章‘专利权的保护’中,但是,这一规定当然应当类推适用于专利授权确权程序中”。参见(2016)京行终 5437 号行政判决书。但本书不同意这一观点,否则,法律的体系解释就不存在意义了。

[2] 《专利法》第 39 条规定,“发明专利申请经实质审查没有发现驳回事由的,由国务院专利行政部门做出授予发明专利权的决定,发给发明专利证书,同时予以登记和公告。发明专利权自公告之日起生效”。第 40 条规定,“实用新型和外观设计专利申请经初审审查没有发现驳回事由的,由国务院专利行政部门作出授予实用新型专利权或者外观设计专利权的决定,发给相应的专利证书,同时予以登记和公告。实用新型专利权和外观设计专利权自公告之日起生效”。

后果,这个专利权的范围是相对清晰的。在我国,由于专利捐献原则是最高人民法院通过司法解释得以明确的一种涉及侵权判定的规则,在专利权的保护方面得以适用并不存在问题。但由于,它还具有确定专利边界的功能,因此,将专利捐献原则的上位条文确定为《专利法》第59条是不周延的,应当将其上位条文确定为《专利法》第39条和第40条。

另一个值得注意的是,在专利捐献原则的适用方面,法院还应当遵循诚信原则(见图6)。诚信原则是私法的基本原则,它既是民事主体从事民事活动的指导准则,又是法官裁判案件的参考。近年来,在商标法领域由于一些市场主体利用我国商标法确立的注册取得原则的漏洞抢注了很多他人已经使用具有一定影响但没有申请注册的商标,扰乱了市场秩序,因此,我国2013年对《商标法》进行了修正,在《商标法》第7条增加了关于商标申请和使用的诚信要求。我国当前正在进行《专利法》的第四次修改,修改草案中也增加了诚实信用原则。在本书看来,即使《专利法》没有增加诚信原则,由于我国《民法典》规定了诚信原则,法官在审理案件时也应当遵守诚信原则。这意味着,法院和专利审查人员在确定专利权的范围时,也应当按此原则处理。本书前面部分已经谈到,我国目前采用的是当然捐献原则,只要申请人在权利要求书中没有记载的内容,即使在说明书中进行了描述,也不能解释到权利要求中。这一做法的优点是,强调了专利的公示功能,为其他竞争者和第三人提供了稳定的预期,其不足之处在于对专利权人过于苛刻。事实上,在司法实践中并没有完全以权利要求书为依据来解释专利权的权利要求,否则,等同原则就无法产生。按此,本书认为,法官和专利审查员在对专利权划定保护范围时,应当依照诚信原则进行,在专利权人提出反证时,应当将说明书中的技术特征解释到专利权的保护范围。

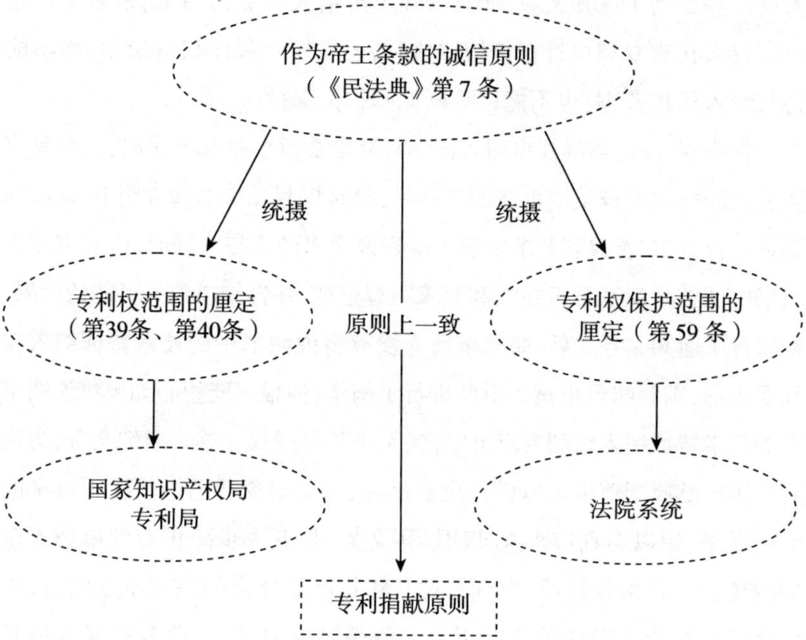


**图6　专利捐献适用范围示意图**

体系性解读捐献原则，就会得出一个结论，应当抛弃目前学界持有的仅在侵权判定阶段使用捐献原则，捐献原则是一个侵权判定规则这一认识。在授权阶段，当发明申请人向国家知识产权局专利局提出申请以后，专利审查人员应当对申请人递交的申请文件进行审查，特别是申请人的权利要求书、说明书和附图进行审查，看权利要求书能否得到说明书的支持，说明书中的实施例是否能够实施。反过来，当说明书中记载了某些技术特征，而权利要求书中没有主张时，应当通知申请人进行修改，并告知其结果。如果申请人明确不修改，意味着申请人放弃了该技术特征。按照禁止反悔原则，在最终授权时，专利审查人员可以将这些技术特征排除在专利权的范围之外。此种情况下，由于专利审查人员已经尽到了通知义务,而且告知了申请人可能的后果,事后无论是专利权人在对专利权进行价值评估时,还是在专利侵权诉讼中,均不能将其纳入保护范围,也不能以等同原则扩大保护。

在确权阶段,当异议申请人向专利复审委员会提起异议时,专利复审委员会同样在审查发明创造的三性后,要对权利要求书和说明书、附图的关系进行审查,看权利要求书能否得到说明书的支持。同时,也要审查说明书中的技术特征是否在权利要求书有记载,并告知申请人可能的后果。在履行了通知义务之后,如果申请人没有将说明书中的技术特征纳入权利要求书,则意味着申请人对此进行了衡量,他很可能担心如果将说明书中的技术特征纳入权利要求书中,就无法获得授权。这一通知义务,为之后适用捐献原则奠定了基础。也就是说,为了避免适用捐献原则带来的僵硬后果,课以专利审查人员的通知义务,是下一步防止专利申请人反悔的证明。在确权阶段,当有人对专利复审委员会的决定不服时,可以向有管辖权的人民法院提起诉讼。值得讨论的是,目前我国采取的是单轨制的确权模式。现行单轨制确权模式涉及专利局、专利复审委员会和两级法院四道程序,徒增了当事人的成本,也容易造成当事人故意过多启动相关程序。〔1〕 最重要的是,当事人对专利复审委员会的决定不服向法院提起诉讼时,是一种行政诉讼,即使法院对专利复审委员会的决定不予支持,也不能直接改判,而只能撤销专利复审委员会的决定。如此一来,即使专利复审委员会进行再审,其作出的决定仍有可能重新引起诉讼。这种循环诉讼,极端的例子达十几年之久。〔2〕 因此,专利捐献原则在专利授权和确权阶段的适用充满了不确定性。

---

〔1〕 罗东川:《〈专利法〉第三次修改未能解决的专利无效程序简化问题》,载《电子知识产权》2009 年第 5 期;程永顺:《〈专利法〉第三次修改留下的遗憾——以保护专利权为视角》,载《电子知识产权》2009 年第 5 期;郃中林:《知识产权授权确权程序的改革与完善》,载《人民司法》2010 年第 19 期;王虎:《我国专利确权机制的完善——以专利权的有效性判断为视角》,载《知识产权》2016 年第 2 期;等等。

〔2〕 郃中林:《知识产权授权确权程序的改革与完善》,载《人民司法》2010 年第 19 期。

捐献原则适用于专利授权和确权阶段,其意义主要在于专利的实施。在多数情况下,专利的授权本身对于专利权人并不是目的,其目的在于专利价值的实现。专利权人欲实现专利价值,可以通过自己制造专利产品,也可以通过转让、许可、质押、投资等方式来实现。其前提是,对专利进行价值评估。当对专利进行评估时,专利保护的技术特征就发挥了重要的作用。特别是对于那些创造性强的技术特征就更是如此。设想如下一种情况,当一项发明的技术特征比较重要而由于当事人的疏忽没有将其纳入权利要求书时,这时对其评估的价值就会比相反的情况低很多。如此,显然对专利权人是不公平的。在这种情况下,本书认为,应当本着诚信原则,将这些技术特征纳入权利要求中,除非有相反的证据证明申请人在授权程序中为了获得授权有不诚信的行为或者其他故意、重大过失。

基于我国目前的专利确权单轨制,也有学者提出了一些改革方案。如有学者提出,目前中国正在建设全国统一的知识产权上诉法院,可以探索借鉴美国、日本的二元确权模式,在建设全国统一的知识产权上诉法院的背景下,直接赋予法院对专利有效性作出判断的权力。[1] 但这种方案有可能导致司法确权和行政确权之结论的不一致性,也由于司法确权具有个案性质,对其他纠纷并不必然具有约束性。有学者建议将我国的无效诉讼程序定性为准司法程序,将专利复审委员会界定为准司法机构。[2] 也有学者认为,我国目前不具备由法院直接审查专利有效性的能力,作为一个过渡性措施,应当引进专利当然无效抗辩制度。[3] 所

〔1〕 李明德:《关于我国知识产权法院体系建设的几个问题》,载《知识产权》2018 年第 3 期;朱理:《专利民事侵权程序与行政无效程序二元分立体制的修正》,载《知识产权》2014 年第 3 期;杜颖、王国立:《知识产权行政授权及确权行为的性质解析》,载《法学》2011 年第 8 期;范晓宇:《宣告专利权无效决定的本质及其效力限定——兼评我国专利复审制度的改革》,载《中外法学》2016 年第 3 期;等等。

〔2〕 李扬:《日本专利权当然无效抗辩原则及其启示》,载《法律科学(西北政法大学学报)》2012 年第 1 期。

〔3〕 管育鹰:《专利无效抗辩的引入与知识产权法院建设》,载《法律适用》2016 年第 6 期;易玲:《日本专利无效判定制度之改革及其启示》,载《法商研究》2017 年第 2 期;等等。

有这些方案,都在一定程度上涉及,在适用专利捐献原则确定专利权的边界时,哪个机构具有最终的权力。在最高人民法院知识产权法庭设立之后,已经采取了针对同一专利的民事侵权诉讼与无效行政诉讼由同一合议庭集中审理的方式,也是现行机制下尽快稳定专利权利效力状态,统一裁判尺度的有益探索。

(二)当然捐献原则的改造

我国目前实施的是当然捐献制度,没有给专利权人修正错误的机会。它只关注了权利要求中记载的技术特征,这一制度尽管确保了专利的公开性,但由于过于僵硬,对专利人是不公平的,特别是对那些基础性发明和开拓性发明的专利权人就更是如此。

尽管权利要求在专利制度中占据着中心位置,然而它们是难以正确撰写的文件。[1] 权利要求有正确而严格的法律标准,撰写权利要求必须兼顾技术与法律两层面,缺少其一,该专利的价值将大打折扣。[2] 专利权的形成过程以及专利政策的变动都会对专利权利保护范围产生影响,讨论周边界定主义与中心限定主义解释的区别时,也不应忽略相应的解释方法及与之对应的权利要求撰写方式的关系,甚至专利授权审批规则的关系。专利权提供的排他性权利的效力范围由多方面的因素共同决定。

1. 改造当然捐献原则的理由

(1)发明方案的客观性与专利申请文件主观性之间存在距离

世界各国普遍认为专利保护的客体是"发明",确切地说是一项技术方案,技术方案一般通过各具体的技术特征组合而成。而足以获得

[1] Advanced Cardiovascular Sys, Inc. v. C. R. Bard Inc., 144 F. R. D. 372, 25 USPQ2d 1354, 1357 (N. D. Cal. 1992).

[2] Martin J. Adelman、Randall R. Rader Gordon P. Klancnik:《美国专利法》,郑胜利、刘江彬译,知识产权出版社2011年版,第117页。

排他性保护的发明方案,需要由技术人员完整地描述并通过法律的语言转换成获得专利法认可的专利法律文件。客观科学地描述一项技术方案本身并非易事,尤其作为发明的技术方案涉及新兴的技术领域。很多时候,发明创造是新颖的,但不存在与之相对应的语言可以进行描述。字典并不总是与发明人齐头并进的,并且根本做不到这一点。事物并不是为语言而生,但语言是为事物而生。[1] 基于语言的樊篱,专利法某种程度允许发明人成为自己发明的辞典编撰人。语言文字与客观技术描述之间的罅隙,无论是从技术本身或者承担传播功能的语言的角度,都存在固有的局限性。法兰克福特(Frankfurter)法官曾经指出:"文字是表达含义的符号,但是文字不像数学公式,一份文件的措辞通常只能以大概的准确性表达其含义,少有例外。"对于有些类型的发明,有形的结构或清晰明了的附图反倒更能准确体现技术方案。可以这么说,一项发明最终的专利文本通常是为了满足专利法授权的形式和实质要件在事后撰写,这种技术构思、发明方案到法律语言文字的转化过程时常伴随信息的减损与重组。从发展的眼光来看,专利一般都是某一技术领域具有创新性、前沿性的知识,其撰写所使用的语言只能是在当时已有的技术水准之内的言辞表达,完全有可能无法涵盖未来新兴的技术词汇。基于此,等同原则虽然饱受争议,仍然是侵权认定中不可放弃的判定规则。

如同任何有体财产一样,界定产权的范围仍然是其获得保护的前提,书面文件反映发明方案虽然有天然的缺陷,但这仍是专利权利能够获得保护的极佳制度设计。正视并尊重专利权利文本与发明人技术贡献之间的上述客观现实,亦是为了使对权利要求保护范围的理解更接近发明人的发明方案。文字难以客观描述专利技术方案的困境并未随着科学技术的发展和撰写水平的提升得以改善,反倒是随着信息技术

[1] Autogiro Co. of America. v. United States, 155 U. S. P. Q. 697(1967).

的发展而面临诸多新的挑战，尤其是在涉及软件及商业方法等类型的专利时，显得尤为模糊不清。[1] 权利的确定性对于知识产权这类无形财产权的意义更为显著。越早确定专利的保护范围，在技术开发中能尽早确定相关研发方向，在商业投资中能科学评估专利价值，在侵权诉讼中能尽早地定分止争。但是，基于专利权的特征，即便通过专利授权程序获得专利权，一旦发生争议，其排他权的边界仍然面临着在后续的行政或司法程序中被检讨或重塑的风险。也就是说，在专利制度中，权利的确定性是一个需要时间实现的命题。

对这一事实的认知，并非否定专利权利要求及说明书等文本的效力或对专利制度的怀疑，而是在正视这一事实的前提之下，对于权利要求确定专利权利保护范围的过程有一个更加客观和包容的视角。因为文字与技术方案的距离，所以需要用等同原则将权利要求字面部分未包含但实质上与技术方案等同的部分也予以保护。另外，法的安定性仍是一个永恒的追求，“等同”的范围不能令公众无所适从。当然捐献原则将权利人在说明书中公开而权利要求中未主张的方案摒除在专利权利的范围之外，是客观地秉持专利文本的外观主义，尤其是在已经普遍接受等同原则作为对权利要求字面含义扩张的情形下，能避免在不确定性的道路上走得过远。如英国上议院在 1930 年的一项重要的判决中论述到“权利要求的功能是清晰精确地界定权利的垄断范围，使得其他人清晰地知道越过什么界限便成为入侵者。权利要求的主要目标是限制而不是扩大垄断范围。没有主张的即是放弃的”。[2]

(2)专利代理人制度对专利申请文件的影响

由专门的中介人士进行专利文件的撰写及申请工作即是目前许多

---

〔1〕 James Bessen & Michael J. Meurer, *Patent Failure: How Judges, Bureaucrats, and Lawyers Put Innovators at Risk* ,Princeton,Princeton Universtiy Press,2008,p.128.

〔2〕 Electric and Musical Industries Ltd. et al. v. Lissen Ltd. et al. ,126 U. S. P. Q. 697(1939).

国家所施行的专利代理人制度,这一制度对专利权利文件的形成有重要影响。在美国,专利代理的从业人员一般包括专利代理人和专利律师。专利代理人通过申请注册,并通过专利代理人资格考试即可,而在满足专利代理人的条件且已经在美国联邦法院或者任何州法院从业的律师方可称为专利律师。我国也采用了类似的专利代理人制度,满足包括通过司法资格考试在内的相关条件的专利代理人可以取得专利诉讼代理人资格,除了进行专利代理工作之外,还可以作为诉讼代理人参与诉讼程序。专利代理人的工作主要是撰写专利申请文件及办理专利审查和授权方面的手续。专利代理人对发明技术方案的理解很大程度上影响了技术方案的客观描述,更重要的是会影响专利方案的保护范围。一项发明专利产生的普遍场景是这样的:发明人完成了一项技术发明,认为具有申请专利的价值,接下来便寻找合适的专利代理人商讨专利申请事宜。发明人和专利代理人可能就发明及发明周边的技术进行一次或多次的会议讨论,对现有技术进行查询后与发明人进行讨论评估,随后专利申请文件的撰写工作一般交由专利代理人完成,其中就包括最重要的确定专利权利要求的任务。专利申请文件是技术方案的法律表达,发明人与专利代理人就权利要求保护范围的界定往往是特定时期和情境下的战术性选择。专利代理人可能选择宽泛的权利要求范围以希冀获得更宽的保护,或者选择较窄的权利要求范围以希冀获得更快的授权。起草权利要求书必须巧妙地达到上述两个相互冲突目标之间的平衡,权利要求的用语必须能够确切地描述发明的范围界限。权利要求的内容不能过于宽泛以免超出说明书的范围,违反专利法关于描述要具体的要求。但申请范围又不能过窄以致放弃依法属于发明人的财产部分。[1]

---

〔1〕［美］阿瑟·R.米勒、迈克尔·H.戴维斯:《知识产权法概要》,周林、刘清格译,知识产出版社 2017 年版,第 66 页。

专利权利要求的语言是多种类型的词汇和多重方面的知识组成的混合物。专利法指引法庭以拟制的本领域技术人员的视角作为解释权利要求的主体,这种拟制,掩盖了专利撰写人及审查员在权利要求形成的实际过程中的影响。专利代理人对发明方案的准确理解与专利权利保护范围的确定是两个相关联但不必然具有因果关系的因素。不排除极端的情况是,一项发明创造或者说发明人所做出的创造性贡献与专利权利要求书最终记载的权利要求内容大相径庭,司法实践中常有权利人或其相关技术人员与专利代理人对专利有不同的见解,而这一分歧通常到涉诉时才被发现。构成专利权人排他性权利边界的权利要求,可能会演化成与发明人最开始所预见的发明创造非常不同的内容。在侵权诉讼中,由于撰写不当导致权利保护的范围过窄甚至丧失本应获得保护的发明方案的例子不在少数,在专利领域内常常出现一种现象,“你可能并不拥有你自以为拥有的财产”。〔1〕

(3)专利授权规则对专利申请文件的影响

专利被视为发明人与社会公众的契约,专利授权机关则扮演了社会公众代理人的角色。专利的“公开”与“对价”是专利政策的核心内容,如果专利申请人在申请专利时,已在说明书中公开了相关的技术方案,权利要求中却主张了较窄的技术方案,在侵权诉讼中,再援用等同原则,主张被控侵权技术方案与其在说明书公开而未主张的技术构成等同侵权。如果对这样的行为不予以限制,实际变相鼓励申请人提交内容广泛的说明书和保护范围狭窄的权利要求,以此来回避专利局对申请人本来可以提交的较宽权利要求的审查。这显然违反了专利法普遍要求的专利申请人应当在权利要求书中清楚、明确地限定其发明的

〔1〕［美］亚历山大·波尔托拉克、保罗·勒纳:《知识产权精要》,于东智、谷立日译,中国人民大学出版社2004年版,第94页。

规定，同时也与专利体系的审批制度不相符合。在该审批制度下，凡是专利申请人认为是其发明并要求予以保护的内容必须经过严格审查才能被授予专利权。

根据《专利法》第 39 条、第 40 条的规定，经审查没有发现驳回理由的，即授予专利权。专利审查机构证明的基础事实是未发现驳回理由，这一基础事实得以证明，则推定专利申请符合授权条件这一推定事实。专利申请符合授权条件是一种法律真实，而非客观真实。[1] 采用审查主义的原则由行政机关对符合专利权的发明创造授予权利是许多国家的做法，理论上就不应再由法院对尚未进行审查的发明赋予专利权。对于权利请求范围中未记载的技术方案是否可以获得专利权的保护，在严格专利授权审查的程序性保障之外。如果各级法院的裁判标准不统一，实质上通过司法程序随意动摇专利行政机关授权的范围，会影响专利权利的公示性与稳定性。尊重有关机关的决定是行政法的一项一般原则，如果对所有有关机关的决定都要进行全面复审，有关机关就没有存在的必要了。因此，在一定程度上尊重有关机关的决定就是合理的了。在专利法中，尊重专利机关的决定就表现在对专利权效力的推定上。美国联邦最高法院认为，相比较看来，审查法院尤其是联邦巡回上诉法院对于地方法院的决定给予的尊重少一些，而对专利商标局的决定给予了更多的尊重。[2] 专利授权程序就是承担对技术方案进行审查并确定权利范围的制度安排，对已然确定的权利，尊重其权利状态和范围是常态，而变更或修改应当是例外情形，或者说也须经由其他的相关法定程序进行。

当下，专利的质量问题越来越为大家关注，在现有专利法律制度的

〔1〕 夏淑萍：《专利权有效性推定规则的概念论证及其展开》，载《知识产权》2018 年第 8 期。

〔2〕 [美]阿瑟·R. 米勒、迈克尔·H. 戴维斯：《知识财产概要》，周林、刘清格译，知识产权出版社 2017 年版，第 67 页。

框架之内寻找提高专利质量的路径，许多重要的关注点放在专利授权的初始阶段。考虑权利要求的形成过程，不能忽视专利申请人与专利审查机关尤其是审查员对最终专利权利要求形成的影响。专利审查员一般是对某一技术领域的知识有所了解并具有一定专利文件撰写和评估水平的人，专利权利文件在专利申请过程中经常会基于审查员的行为被修改。一般来说，从专利审查制度的目的来说，审查员关注的点着重在于保证权利要求的有效性，而并非是否完整充分地反映了申请人的技术方案。由于专利审批过程的单方面性，又由于这一过程有利于专利申请人，发明人就是专利申请这艘船上的船长。既然发明人是权利要求的起草人，负责专利申请，即使审查人提出的一些更改意见是错误的，只要发明人同意了，他就应受到专利局作出的一些决定的约束。[1] 多个权利的放弃可能导致公众在找出保护什么以及不保护什么时有不合理的负担，权利要求的起草必须在申请人获得适当保护的利益与公众通过合理努力确定保护范围的利益之间建立平衡。[2] 从这个意义上说，捐献原则的严格适用有这方面的益处，可以督促专利权人在初期的专利撰写过程中即倍加重视，小心谨慎地撰写申请文件，避免后续耗费更多的诉讼成本。

(4)专利保护的政策导向对专利申请文件的影响

知识产权争议的核心问题，基本上都围绕着权利与侵权物同一性的判断。在侵权程序中，法官若要对相关的著作权、商标权或专利争议作出裁判，基本方法都是用代表着具体知识产权权利的权利文件与被诉侵权物/内容进行对比，判断后者是否是对前者的模仿、抄袭等。在

---

〔1〕［美］阿瑟·R. 米勒、迈克尔·H. 戴维斯：《知识财产概要》，周林、刘清格译，知识产权出版社 2017 年版，第 210 页。

〔2〕 欧洲专利局上诉委员会：《欧洲专利局上诉委员会判例法》，北京同达信恒知识产权代理公司译，知识产权出版社 2016 年版，第 244 页。

解释抽象物时,把握自由裁量权的尺度取决于两种来源。第一种来源是存在许多不同程度的抽象性。第二种来源产生于一种事实,即一般情况下确定与抽象物有关的界限的工作,比起确定有形物的界限要困难得多。[1] 从典型的专利权和著作权来看,它们的界限依赖于为不同法律体系所认可的法律权威人士作出的关于同一性的判断,如专利法上的等同原则、禁止反悔原则及著作权法上的实质性相似原则等,这些判断都是在知识产权制度历史的进程中形成与发展的,很容易在不同的时期被调整或修正,或者受到特殊司法政策的影响。在美国的专利法制史上,有两个关于公平的概念,主导着专利财产权的法治思维:一是发明人享有其发明的财产权以作为其投入发明所付出辛劳的回报;二是竞争者不应该在未经发明人许可的情况下,擅自使用发明专利以获取不当得利。19 世纪(特别是 19 世纪前半叶)的法官,将专利法往有利于专利权人的方向作解释,认为发明人在发明中拥有自然财产权。然而,到了 19 世纪末,有利于英雄式发明人的态度渐渐消退,法院日益质疑专利是用来回报发明人辛劳的概念,反而比较像是使发明人成为垄断者的制度设计。专利制度是否实质上激励并推动了创新的脚步,专利体系多大程度促进了社会的发展并不在我们能精确回答的范围之内,有可能这一问题甚至未为可知。专利权利的保护范围,一定程度上受到专利政策甚至国家政策的影响。同时在社会经济环境发生变化的前提下,不乏从科技或经济政策角度分析专利保护问题,“政策杠杆”、区别对待与宽严适度的正当性不断得到现实验证。这些均使实践中对于专利权保护范围的划界更加难以预测。[2]

专利权人的独占权与社会公众利益之间、专利权利的确定性与激

---

〔1〕 [澳]彼得·德霍斯:《知识财产法哲学》,周林译,商务印书馆 2017 年版,第 219 页。

〔2〕 孔祥俊:《知识产权保护的新思维》,中国法制出版社 2013 年版,第 298 页。

励创造之间的平衡,始终是专利政策天平的两端。知识产权制度在不同的社会发展阶段或者不同社会结构中,体现了政策工具对于促进创新或者保证社会公共利益之间的不同需求,影响专利侵权判断的相关政策因素都是至关重要的。专利制度建立发展的目的,首先即是保护专利权人的发明创造,在此基础之上激励创新;在这一目的之下,确定的产权边界才能确保秩序的稳定性,社会公众对权利边界的确定性拥有合理预期的正当权利也应当予以尊重。等同原则是因专利权的保护而形成的,而为了法律确定性的根本目的,需要对等同原则的适用配套相应的措施,包括正向的限制即等同原则严格具体的适用规范,同时也包括反向的限制即哪些情形下禁止适用等同原则。等同原则从权利人的角度,强调对专利权人的充分保护;而超越权利要求字面含义的解释方式必然影响社会公众对于专利权利确定性的预期,这种稳定性被动摇到一定程度又会产生对专利权利要求确定性的需求,于是禁止反悔原则、捐献原则等又将政策的天平往确定性的方向稍许移动。如何限制,限制到什么程度始终是解释权利要求及确定专利权利保护范围时需要面对的问题,有利于专利权人与有利于社会公众,两者从整体和长远来看应当是一种平衡关系。

2. 当然捐献原则改造的路径

捐献原则是把那些说明书中公开但没有概括到权利要求书中的技术方案排除在保护范围之外,对专利权人比较严苛。事实上,在专利权保护范围的历史上,走过了一个从说明书界定保护范围到要求专门的权利要求的历程。这一历程使专利权的保护范围进一步明确,但它也牺牲了技术方案的完整性,[1]导致对专利技术方案保护的不周全。因此,我们在适用捐献原则保护社会公众对说明书信赖利益的同时,还必

〔1〕 陈文煊:《专利权的边界》,知识产权出版社2014年版,第86页。

须兼顾到专利权人的利益,以达成二者之间的平衡。

在某些情况下,捐献原则会与禁止反悔原则发生竞合,即发明人在专利申请时,由于权利要求的范围过大而有可能无法获得授权时,会放弃部分权利要求的内容,缩小权利要求的范围,而这些技术方案恰恰在说明书中进行了公开。这种情况在专利审查历史上经常出现。一项发明或者实用新型完成之后,成熟的申请一般会在权利要求中明确具体的保护范围,并在说明书中给予充分的公开。通常情况下,申请人会在说明书中尽可能多地公开实施例,以使本领域技术人员能够实现为标准,借以达到专利法要求的充分公开要求。但为了不漏掉需要保护的技术方案,申请人经常会采取概括上位概念等措施,来确定专利保护范围。这样的好处当然是不会漏掉需要保护的技术方案,但往往会使某些处于现有领域的技术被纳入权利要求。对此,审查人员当然不会给予授权。此时,申请人经常会根据审查人员的要求,对权利要求中保护范围过宽的、模糊的技术方案进行修改或者限定,以达到获权的要求。这种情形也会发生在专利权被请求宣告无效的过程中。然而,在之后发生的专利侵权诉讼中,专利权人很可能又会以被控侵权产品与权利要求中的技术方案等同为由状告对方侵权。对这些发明人在专利授权或者无效宣告程序中放弃的技术方案,如果再通过等同原则给予保护,显然对第三人是不公平的。这就是专利侵权判定中的禁止反悔原则,它是英美普通法中禁反言原则的延续,在大陆法系国家是诚信信用原则的体现。

对于发明人在授权过程中为获得授权放弃的技术特征,存在两种情况。一种情况,发明人在说明书中并没有明确排除,此时被控侵权人可以适用相关司法解释为依据,直接适用禁止反悔原则进行抗辩,人民法院也可依职权适用禁止反悔原则合理确定专利权的保护范围。[1] 另

〔1〕 北京市高级人民法院:《专利侵权判定指南:理解与适用》,中国法制出版社 2014 年版,第 239 页。

一种情况是,为与权利要求保持一致,发明人在说明书中公开但排除了某些技术方案。对这些方案,如果被控侵权产品属于这种情况,该适用捐献原则抗辩,还是适用禁止反悔原则?有人建议,被控侵权人既可以选择捐献原则抗辩,也可以选择禁止反悔原则抗辩。[1] 但二者的适用是存在差别的。对于捐献原则而言,法官只需比较专利权人的权利要求和说明书的内容即可,如果说明书的技术方案无法在权利要求书中找到,即可视为捐献;而对于禁止反悔原则,法官必须要审查专利审查档案,查看申请人的申请文件,必然还会查阅说明书和附图。

从主观要件上,申请人或权利人的意图无非包含故意和过失两种情况,过失则可再细分为一般过失和主观重大过失。主观重大过失通常是严重违反一般的注意义务。不具有一般人所具有的起码的谨慎和注意时,主观上的可非难性较强。[2] 在法律后果上,主观重大过失一般可以与故意的法律效果等量齐观。主观要件是关于行为人的心理状态,与行为人的内心意思表示相关,但从表象的角度看,必然是客观旁证综合推定的结果。适度地弱化意思主义的色彩,而从更为具体和客观的行为表现入手,通过设立更加细化的行为考量因素来判断行为人的主观认知,其实是更具操作性的做法。[3] 从更普遍的意义上说,权利的放弃应当采用明示的方式,默示行为一般不产生法律效果的变动。虽说专利权利保护范围的法定依据是权利要求书,但专利法律制度同时也进行了通过说明书等文件来解释权利要求的设计,如果从这个层面来审视,不考虑申请人或权利人在说明书中公开而未主张的技术方案的真实意思表示而一概推定为未主张即是放弃,实际上是通过默示的方式处理了权利人的权利。因主动放弃或重大过失未完整地主张权

〔1〕 北京市高级人民法院:《专利侵权判定指南:理解与适用》,中国法制出版社 2014 年版,第 218 页。
〔2〕 王利明:《侵权责任法研究》(上卷),中国人民大学出版社 2010 年版,第 354 页。
〔3〕 蔡元甄、何星星:《美国专利间接侵权主观要件评析》,载《知识产权》2017 年第 9 期。

利，与疏忽大意或者不周全、不谨慎、不完美的撰写水平可能导致的未完整地主张权利，从可责难性的性质与程度看都有差异。从同样作为限制等同原则适用的另一项专利原则——禁止反悔原则适用的要件对比来看，并非专利申请过程中的所有修改均会导致禁止反悔原则的适用，最高人民法院通过司法解释的逐步制定，细化区分了禁止反悔原则适用的具体情形。只有在授权过程中，权利人对专利文件的修改内容直接影响专利权利效力，且该放弃最终在申请过程中被采信，才导致适用禁止反悔原则。

不同于美国专利法律制度中设置了扩大型再颁专利制度，允许权利人可以在一定的期限和条件下对专利权利的范围进行修正（此处主要是指扩大专利权的范围），我国现有专利法律制度没有其他救济方式挽回对权利要求界定不当的失误，一概不考虑申请人或权利人主观意图的当然捐献进路对技术方案的创造者乃至整个专利制度所谓的激励创新而言，都是相对严苛的选择。推定捐献原则从法律规范上可具体修改为："仅在说明书或者附图中描述而未概括在权利要求中的技术方案，视为专利权人放弃了该技术方案。但专利权人能够提供相反证据的除外。"如此，专利人可以获得一定的救济机会。在诉讼中，专利权人可以通过提交与申请人的交流文书等资料，向有关法院证明，有关方案是不是应被捐献，到底是因为何种原因没有被记载到权利要求书中。有关法院可以通过证据链来决定是否适用捐献原则。参考的要素可以包括，专利权人是否曾经诚信地对有关技术方案主张过权利、是否在早期的诉讼中法院曾认定该方案受到保护、专利人是否曾经持续未间断地主张过对该方案的保护、发明人与专利申请人的书信邮件或者其他资讯往来的内容等。通过这些证据，捐献原则具有了一定弹性，既可以维护专利的公开性和第三人的信赖利益，又可以充分保护专利权人的利益。

将现有的规定改为推定捐献并不必然导致这些技术方案进入专利权的垄断范围。改为推定制度后，在侵权诉讼中，专利权人是推定不利方，对方是推定受益方。从效果上看，受益方的证明负担得以减缓。他只需向法院提交说明书和权利要求书的附件，并将其中的技术方案进行对比，就可以证明自己，侵权责任有可能免除。而对于专利权人而言，获得了一种程序反驳权。他可以提供相关的证据启动反驳，也可以不提供有关证据默认对方的主张。即使专利权人提供了相关证据，证明自己是由于疏忽而没有将有关技术方案纳入权利要求书，还需法院进行审查，并不必然导致捐献不成立。将专利捐献由当然捐献改为推定捐献，与美国专利商标局在审查发明专利授权时采取的“最宽合理解释”是一致的，该原则的基本内容为：专利商标局在确定专利申请权利要求的范围时，不只是基于权利要求的用语，还根据本领域技术人员对于说明书的理解，对权利要求作出最宽合理解释。[1] 美国《专利审查程序手册》第2111节在权利要求解释部分，明确了该原则，它要求专利审查员在对发明专利进行审查时，应当对权利要求书参考说明书作出最宽合理解释。当然，这里的最宽合理解释并不意味着最宽的解释，它要求解释必须是合理的，在此基础上，应当给予专利权较宽的保护。值得注意的是，最宽合理解释明确适用于专利审查和复审阶段，对于涉及侵权判定的民事诉讼，未做要求。据此有学者认为，我国在借鉴这一原则时，也应当将其用于专利审查和复审阶段，不能用于无效程序。[2] 本书不同意这一观点，本书认为在专利权的保护具有很强的政策性，加大知识产权保护营造良好的营商环境的背景下，法院在专利诉讼中，也可以适用最宽合理解释原则，至于这一解释是否能够被推翻，可依赖被告的

---

〔1〕 415 F. 3d 1303，1316. 75 USQ2D 1321，1329(Fed. Cir. 2005).
〔2〕 闫文军：《我国专利授权确权中的最宽合理解释》，载《知识产权》2017年第12期。

抗辩，在诉讼程序中，最终能将权利要求的范围固定到适当的范围。推定捐献原则的适用相对当然捐献原则，可能的弊端在于确定性可能再次被破坏，但笔者认为这是法律适用始终面临的问题，而且这一问题可以从证据的层面解决，如申请人主观上持续地对未纳入权利要求的部分主张过权利；代理人与申请人之间沟通导致的失误等表现，均能侧面证明申请人并无捐献的意图。

（三）专利确权中行政部门和法院的职责分工

在我国建立统一的专利上诉法院的背景下，有观点指出，专利权是一种私权，其义务人是不特定的第三人，因此，专利确权纠纷是一种民事纠纷，复审委居于中间地位，不应以复审委作为被告，而应当以对方当事人为被告，必要的时候，复审委可以出庭作出说明。[1] 从性质上看，专利行政确权行为不是行政许可行为，是一种具有民事司法性质的行政行为，[2]因此，法院在侵权诉讼中有权对专利确权行为直接作出判断。但是，如果法院可以对专利确权直接作出规定，在适用捐献原则时，它和国家知识产权行政机构的决定不同，这种矛盾如何解决？如果借鉴美国的专利确权的二元机制，就应当明确法院和国家知识产权行政管理部门不同的受案范围，否则，会产生冲突的后果，徒增专利权的不确定性。

国家知识产权行政部门具有强大的专利信息检索系统，具有经验丰富的专业技术人员，在专利的审查授权方面相比法院具有较大的优势，因此，笼统地以法院来取代国家知识产权行政授权机构是不合适的。很多学者赞成由法院直接宣告专利权的效力，主要是基于目前在确权诉讼中的行政诉讼性质，在目前这种状况下，即使法院不支持国家

〔1〕 罗东川：《〈专利法〉第三次修改未能解决的专利无效程序简化问题》，载《电子知识产权》2009 年第 5 期；郃中林：《知识产权授权确权程序的改革与完善》，载《人民司法》2010 年第 19 期；等等。

〔2〕 梁志文：《专利质量的司法控制》，载《法学家》2014 年第 3 期。

知识产权行政机构的决定，也不能改变专利权的效力，导致循环诉讼。大量的改革方案主要是基于循环诉讼导致的无效率而产生的，[1]并不是认为相比国家知识产权行政机构，法院系统具有绝对的专利确权的能力。因此，准确划分二者的分工，就至关重要。问题是，在目前第四次修改专利法的讨论中，关于专利确权机制的讨论，被认为是带有明显的部门争权的性质。[2] 因此，深思辨明地确定专利行政部门和法院的分工就成为专利法必须面对的问题。[3] 事实上，美国早期奉行的也是单轨制，只不过它是由法院来最终确立专利权的效力，由于这是一种多在诉讼中确立专利权的程序，对于那些经专利商标局审查授权而没有引起诉讼的专利，就产生了大量的无用专利。因之，美国专利行政确权机制兴起，特别是在2011年《美国发明法案》通过之后，专利行政确权的范围逐渐增加。但是，法院和行政部门对确权的案件，有明显的分工。[4] 因此，我国专利法在适用专利捐献原则时，应当恰当对二者的范围进行界定，要充分考虑我国法院确定专利权对其他案件没有决定性影响这一要素。

(四)增加授权后的更正程序

我国《专利法》第33条规定，申请人可以对专利申请文件进行修改，但是这种修改只能缩小权利要求的范围，而不能增加。在获得授权之后，即使申请人发现其技术方案应予保护的范围比申请专利的范围大，此时也不能要求扩大权利保护范围，只能事后重新提出申请。这种制度安排，很可能使原来可能获得保护的技术方案无法获得专利权，原

---

〔1〕 张鹏：《我国专利无效判断上双轨制构造的弊端及其克服》，载《政治与法律》2014年第12期。

〔2〕 在目前，当北京一家有管辖权的法院尝试改变国家知识产权行政部门的决定直接裁判系争专利有效后，国家知识产权行政部门却宣告该专利无效，就明确说明了这一问题。

〔3〕 参见[美]赫伯特·J. 斯托林：《反联邦党人赞成什么》，汪庆华译，北京大学出版社2006年版，第1页。

〔4〕 张怀印：《美国专利确权双轨制的分殊与协调》，载《电子知识产权》2018年第5期。

因在于在申请人就原来遗漏的技术方案重新申请时,很可能丧失了新颖性。这样,就很可能使原来的技术方案既由于捐献原则被视为捐献给了公众,也可能因为事后的重新申请而丧失了新颖性。显然,由于缺乏一个授权后的更正程序,就会使专利申请人因为疏忽等原因,永久丧失了对某些技术方案保护的可能。因此,本书建议,作为对捐献原则的一种矫正,我国可以尝试引进授权后的更正程序,赋予专利权人更正、扩大其权利要求的机会。此程序可以模仿美国的扩大型再颁专利制度,如果国家知识产权局专利局经过审查认为申请人扩大其权利要求的申请应予支持,申请人就放弃原初专利,再颁的专利保护期扣除原初专利的保护期。再颁是因为专利的瑕疵致使专利不能实施或者无效。考虑到我国《民法典》规定的诉讼时效是三年,专利权人提起再颁专利申请的时间可定为原初专利授权后的三年内。为了防止专利权人出尔反尔,在再颁专利制度中应明确,说明书中明确放弃的技术方案,不属于再颁专利的范围。捐献的技术方案必须是具体的,技术方案本身的捐献并不意味着等同方案的捐献,这意味着与捐献技术方案等同的技术本身就可以通过适用等同原则获得保护,无须适用扩大型再颁专利程序。

## 小　结

我国最高人民法院尽管在司法解释中确立了专利捐献原则,但在司法实践中,法官在适用这一规则时,存在一定的模糊认识。从体系上看,这一制度尽管是作为侵权判定规则而引进的,但由于该规则首先具有划定专利权边界的功能,它应当在授权和确权阶段都予适用。同时,考虑该制度尽管确保了专利的公开功能、保护了第三人的行为自由,但对专利权人而言却比较严厉,因此,还应当构建克服专利捐献局限性的规则,以在专利权人和竞争者、社会大众之间达成动态的平衡。

# 结　语

通过授予权利人一定期限的排他权利以获得特定技术领域的垄断，基于此，收回专利研发投入成本并获得垄断利润的可能，是专利制度为发明人的技术创新带来的直接激励，而社会也会因技术进步而整体受益。专利制度遵循公开换保护的基本思路，既引导了竞争者技术研发的方向，也通过期满失权的专利保护期制度持续丰富着和扩大着公有领域的范围，进而又对后续的技术革新与科技进步提供广阔的技术土壤。当然，本书所讨论的捐献原则所涉“捐献”给社会公众的智慧，实际是具有创造性、新颖性和实用性的技术方案提前向公有领域开放，经由矫正正义被置于公众均可使用的境地，实质上于社会整体亦有益。最高人民法院在发布的《中国知识产权司法保护纲要（2016～2020）》中，提出了知识产权保护要坚持严格保护和坚持比例协调的原则。严格保护知识产权是实施创新驱动发展战略的必然要求，是我国当前和今后一个时期知识产权司法保护的基本方向。按此，以激励创新为基石，给予专利权人强保护的法律政策支持，将现行专利法律制度中的当然捐献制度向推定捐献制度进行细微调整，适时增加扩大型再颁专利制度，对于授权后没有任何救济措施弥补专利权利范围因疏忽造成疏漏的现行专利法律制度，留出了缓和的空间。同时，上述完善途径也符合比例原则的要求，即权利人获得的保护与其发明贡献相当。实际上，在推定捐献路径下，权利人仍然要承担较重的举证责任以避免公开而未纳入权利要求范围的技术方案被捐献，既平衡了专利授权文件公示性功能，也坚持了知识产权保护范围、强度与其创新、贡献程度相协调的司法政策要求。加之最高人民法院知识产权法庭这一专业化技术类案件审理机构的设立，本质上为更加高效、高质的处理技术类案件带来了契机。可以预见，法官甚至律师、专利代理人等相关法律共同体在某些法律领域将极具经验并输出高质量的司法成果，司法的确定性将稳步增强，为捐献制度的改革与完善也提供了强大的支持。

# 参考文献

## 一、中文类

(一)著作类

1.[英]梅因:《古代法》,沈景一译,商务印书馆2010年版。

2.[法]孟德斯鸠:《论法的精神》(上、下),许明龙译,商务印书馆2019年版。

3.[英]霍布斯:《利维坦》,黎思复等译,商务印书馆2018年版。

4.[英]亚当·斯密:《国民财富的性质和原因的研究》(上、下),郭大力、王亚楠译,商务印书馆2003年版。

5.[英]约翰·密尔:《论自由》,许宝骙译,商务印书馆2010年版。

6.[美]约翰·罗尔斯:《正义论》,何怀宏等译,中国社会科学出版社2009年版。

7.[印]阿马蒂亚·森:《正义的理念》,王磊、李航译,中国人民大学出版社2012年版。

8.[美]罗伯特·诺奇克:《无政府、国家和乌托邦》,姚大志译,中国社会科学出版社2008年版。

9. 石元康:《当代西方自由主义理论》,上海三联书店2001年版。

10. [英]帕特里克·贝尔特等:《二十世纪以来的社会理论》,翟铁鹏译,商务印书馆2014年版。

11. [美]罗纳德·哈里·科斯:《企业、市场与法律》,盛洪、陈郁译校,格致出版社、上海三联书店、上海人民出版社2009年版。

12. [美]罗纳德·哈里·科斯:《论经济学和经济学家》,罗君丽等译,上海三联书店2011年版。

13. [美]Y. 巴泽尔:《产权的经济分析》,费方域、段毅才译,上海人民出版社1997年版。

14. [美]道格拉斯·C. 诺斯等:《暴力与社会秩序》,杭行、王亮译,上海三联书店2013年版。

15. 张五常:《新卖柑者言》,中信出版社2010年版。

16. [美]本杰明·卡多佐:《司法过程的性质》,苏力译,商务印书馆2000年版。

17. [美]罗纳德·德沃金:《法律帝国》,许杨勇译,上海三联书店2016年版。

18. 熊秉元:《法的经济解释》,东方出版社2017年版。

19. [英]F. A. 哈耶克:《个人主义与经济秩序》,邓正来译,生活·读书·新知三联书店2003年版。

20. [美]威廉·M. 兰德斯、理查德·A. 波斯纳:《知识产权法的经济结构》,金海军译,北京大学出版社2016年版。

21. [英]彼得·甘西:《反思财产》,陈高华译,北京大学出版社2011年版。

22. [美]斯蒂芬·芒泽:《财产理论》,彭诚信译,北京大学出版社2006年版。

23. [美]尼尔·K. 考默萨:《法律的限度》,申卫星、王琦译,商务印书馆 2007 年版。

24. [美]理查德·A. 波斯纳:《法理学问题》,苏力译,中国政法大学出版社 2004 年版。

25. [美]理查德·A. 波斯纳:《司法/正义经济学》,苏力译,中国政法大学出版社 2004 年版。

26. [美]李·爱泼斯坦、威廉·M. 兰德斯、理查德·A. 波斯纳:《法官如何行为》,黄韬译,法律出版社 2017 年版。

27. 苏力:《制度是如何形成的》,北京大学出版社 2007 年版。

28. [德]卡尔·拉伦茨:《法学方法论》,陈爱娥译,商务印书馆 2013 年版。

29. 梁慧星:《民法解释学》,法律出版社 2015 年版。

30. [德]K. 茨威格特、H. 克茨:《比较法总论》,潘汉典等译,贵州人民出版社 1992 年版。

31. [美]罗伯特·P. 莫杰思:《知识产权正当性解释》,金海军等译,商务印书馆 2019 年版。

32. [美]劳伦斯·莱斯格:《代码 2.0:网络空间的法律》,李旭、沈伟伟译,清华大学出版社 2009 年版。

33. 孔祥俊:《法律解释与适用方法》,中国法制出版社 2017 年版。

34. 吴汉东:《知识产权精要:制度创新与知识创新》,法律出版社 2017 年版。

35. 刘春田:《中国知识产权评论》(第 4 卷),商务印书馆 2011 年版。

36. 盛洪:《现代制度经济学》(上下册),北京大学出版社 2009 年版。

37. 张玉敏:《走过法律》,法律出版社 2006 年版。

38. 李雨峰:《著作权的宪法之维》,法律出版社 2012 年版。

39. [澳]彼德 · 达沃豪斯、约翰 · 布雷斯韦特:《信息封建主义》,刘雪涛译,知识产权出版社 2005 年版。

40. [日]田村善之:《田村善之论知识产权》,李扬等译,中国人民大学出版社 2013 年版。

41. 刘孔中:《解构知识产权法与竞争法的冲突与调和》,中国法制出版社 2015 年版。

42. [美]丹 · L. 伯克、马克 · A. 莱姆利:《专利危机与应对之道》,马宁、余俊译,中国政法大学出版社 2013 年版。

43. [美]罗杰 · 谢克特、约翰 · 托马斯:《专利法原理》,余仲儒译,知识产权出版社 2016 年版。

44. [德]史蒂芬 · 路金博:《欧洲专利法》,张南译,知识产权出版社 2016 年版。

45. [德]鲁道夫 · 克拉瑟:《专利法:德国专利和实用新型法、欧洲和国际专利法》,单晓光等译,知识产权出版社 2016 年版。

46. 陈龙升:《专利法》,台北,元照出版有限公司 2015 年版。

47. [美]亚当 · 杰夫、乔希 · 勒纳:《创新及其不满》,罗建平、兰花译,中国人民大学出版社 2007 年版。

48. [美]谢尔登 · W. 哈尔彭:《美国知识产权法原理》,宋慧献译,商务印书馆 2013 年版。

49. [美]劳伦斯 · 莱斯格:《思想的未来》,李旭译,中信出版社 2004 年版。

50. 李扬:《知识产权法政策学论丛》,知识产权出版社 2012 年版。

51. [美]博登海默:《法理学》,潘汉典译,法律出版社 2015 年版。

52. 高全喜:《西方法政哲学演讲录》,中国人民大学出版社 2007 年版。

53. 沈宗灵:《现代西方法理学》,北京大学出版社 1992 年版。

54. 张新宝:《中国侵权行为法》,中国社会科学出版社 1998 年版。

55. 周保松:《自由人的平等政治》,北京三联书店 2010 年版。

56. 崔建远:《物权:规范与学说》(上),清华大学出版社 2011 年版。

57. 谢在全:《民法物权论》(上),中国政法大学出版社 2011 年版。

58. 国家知识产权局条法司:《外国专利法选译》,知识产权出版社 2015 年版。

(二)论文类

1. 朱理:《专利民事侵权程序与行政无效程序二元分立体制的修正》,载《知识产权》2014 年第 3 期。

2. 张鹏:《我国专利无效判断上"双轨制构造"的弊端及其克服——以专利侵权诉讼中无效抗辩制度的继受为中心》,载《政治与法律》2014 年第 12 期。

3. 易玲:《日本专利无效判定制度之改革及其启示》,载《法商研究》2017 年第 2 期。

4. 范晓宇:《宣告专利权无效决定的本质及其效力限定——兼评我国专利复审制度的改革》,载《中外法学》2016 年第 3 期。

5. 冯晓青:《知识产权法的公共领域理论》,载《知识产权》2007 年第 3 期。

6. 张家骥:《论推定规则及其适用》,载《重庆大学学报(社会科学版)》2014 年第 6 期。

7. 张海燕:《民事推定法律效果之再考察》,载《法学家》2014 年第 5 期。

8. 郭禾:《专利权无效宣告制度的改造与知识产权法院建设的协调——从专利法第四次修订谈起》,载《知识产权》2016 年第 3 期。

9. 易继明:《构建知识产权大司法机制》,载《中外法学》2018 年第 5 期。

10. 孟睿、徐棣枫:《专利权利要求中的错误初探:错误的形式、改正的途径》,载《知识产权》2018 年第 11 期。

11. 李明德:《论我国专利制度改革的三个维度》,载《知识产权》2019 年第 8 期。

12. 刘洋、刘铭:《判例视野下美国专利确权程序的性质研究——兼议我国专利无效程序的改革》,载《知识产权》2019 年第 5 期。

13. 李雨峰:《论专利公开与排他利益的动态平衡》,载《知识产权》2019 年第 9 期。

14. 闫宇晨:《论我国法院判定专利权效力的界限——专利无效判断方式的原则与例外》,载《知识产权》2020 年第 1 期。

**二、外文类**

(一)著作类

1. Lionel Bently & Brad Sherman, Intellectual Property Law, Oxford University Press, 2014.

2. Tanya Aplin & Jennifer Davis, Intellectual Property Law: Text, Cases and Materials, Oxford Unviersity Press, 2013.

3. Janice M. Muller, Patent Law, Wolters Kluwer, 2016.

4. Stefan Luginbuehl, European Patent Law, Edward Elgar, 2011.

5. Claudia Milbradt, Patent Litigation in Germany, German Law Publishers Gmbh, 2012.

6. Joseph A. Schumpeter, The Theory of Economic Development, New Brunswick Transaction Publishers, 1983.

7. Dominique Guellec & Bruno Van Pottelsberghe de Potterie, The Economics of the European Patent System, Oxford University Press, 2007.

8. Nan Zhang, A Confucian Analysis on the Evolution of Chinese

Patent Law System, Intellectual Property Press, 2015.

9. Samuel Fleischacker, A Brief History of Distributive Justice, Harvard University Press, 2004.

10. Robert P. Merges & John F. Duffy, Patent Law and Policy: Case and Materials, Lexisnexis, 2002.

11. Janice M. Muller, Muller on Patent Law Patent Enforcement, Wolters Kluwer, 2015.

12. Michael L. Kiklis, The Supreme Court on Patent Law, Wolters Kluwer, 2001.

13. Arthur R. Miller & Michael H. Davis, Intellectual Property: Patents, Trademarks and Copyrights, West Publishing Company, 1990.

14. David Vaver, Intellectual Property Law: Copyright, Patents and Trademarks, Irwin Law Inc. , 2011.

(二)论文类

1. Allen M. Leung, Legal Judo: Strategic Application of Reexamination Verso an Aggressive Adversary, 84 J. Pat. & Trademark Off. Soc'y 486 (2002) .

2. Douglas Duff, The Reexamination Power of Patent Infringement and the Forgotten Inventor,41 Cap. U. L. Rev. (2013).

3. Dan L. Burk & Mark. A. Lemley, Policy Level in Patent Law, 89 Virginia Law Rev. (2003).

4. Kendall J. Dood, Pursuing the Essence of Inventions: Reissuing Patents in the 19th Century, Technology and Culture, Vol. 32, No. 4, Special Issue: Patents and Invention (Oct. ,1991).

5. Charlie Lisherness, Patent Reissue Genus Claims: Harmful Evolution, 26 T. Jefferson L. Rev. 85,90(2003).

6. Willis B. Rice & William L. Grossman, Reissued Patent and Intervening Right, 43 Yale L. J. (1934).

7. David M. Longo, et al, Checking the Stats: How long is Too Long to Give Adequate Public Notice in Broadening Reissue Patent Applications?, 9 Duke L. & Tech. Rev. (2011).

8. Shyamkrishna Balganesh, Debunking Blachstonian Copyright, 118 the Yale Law Journal (2009).

9. Lionel Bently, From Communication to Thing: Historical Aspects of the Conceptualism of Trade Marks as Property, in Trademark Law and Theory(edited by Graeme B. Dinwoodie & Mark D. Janis), Edward Elgar, 2008.

10. Edward S. Rogers, Some Historical Matter Concerning Trade - Marks, Michigan Law Review, Vol. 9(1910).

11. Lynda L. Butler, "The Commons Concept: An Historical Concept with Modern Relevance", 23 William and Marry Law Review 835 (1982).

12. Jennifer Davis, European Trademark Law and the Enclosure of the Commons, 4 Intellectual Property Quarterly 364(2002).

# 致　谢

理性的翅膀，感性的心灵，让我带着激情按着逻辑爬梳了国内外的重要文献和判例，完成了一个在开题早期都不敢想象的题目。近 18 万字的法律文本，尽管出自笔者之手，但凝聚的却是多人的支持和关心。起笔落笔之间，透露着满满的感谢。

感谢五中法院的诸多领导与同事。在从事知识产权司法审判工作的同时能够顺利完成学业，离不开许多的信赖、支持、关爱与肯定。南纪门、人民路、人和街，是那些共同走过的岁月，为我博士学位论文的完成提供了基础，构成了这个法律文本的基础架构。

感谢我的家人。是你们永远不吝给予的爱与包容，让我始终能自由、愉悦而坚定地遵从自己的脚步。

在西政的日子，结识了许多小伙伴。无论在芝加哥大学法律研修班，还是在西政的日常时光，身边的那些真实而聪明的小伙伴们都给我留下了深刻的印象。我们一起学习，一起讨论，哪怕是与学术无关的聊天，甚至是娱乐八卦，都在一定程度上丰满了我的生活。他们也为我顺利完成论文提供了许多便利与帮助。

感谢知识产权专业的各位老师。入校时张玉敏教授虽已荣休,有限的几次机缘相遇,仍能感受她到对后辈的拳拳关爱。张耕教授、邓宏光教授、黄汇教授、廖志刚教授等,除了日常传道授业,所提的许多中肯意见与修改建议使论文得到了不断完善。

最后也是最重要的,感谢我的导师李雨峰教授。一个偶然的机会,让我和老师相识。机缘巧合,又加入李门学习。老师为人低调豁达,为学却严谨开放。和他讨论问题,总能发现创新的角度和闪光的思想。是在和老师的交流中,我坚信了这个起初不敢着笔的选题;是在和老师的交流中,我养成了通过立法目的思考具体制度的小习惯。毓秀湖畔的这几年时光,如我有所成长,尽应归于老师的悉心教导。从读书到写作,从治学到人生,从秋冬到春夏,都有老师的引领与鼓励。“只要读书就是好的。”这句话将鞭策我在毕业以后的岁月里,继续阅读那些可能“没有用的”各种文字。时光不语,回忆、感念、期待,一切都在而又不仅仅在这篇论文密密麻麻的文字里。

我爱你们,比心。